DE L'ÉTAT
DES PARTIS EN FRANCE,

PAR LE BARON GUSTAVE DE ROMAND.

DÉDIÉ A LA CHAMBRE DES PAIRS.

Le pouvoir est au concours et appartiendra au plus digne.

Lettre à M. le Vte de CHATEAUBRIAND, *sur les élections de 1837*, par le baron Gustave de Romand.

Deuxième édition

REVUE ET AUGMENTÉE D'UNE *CORRESPONDANCE POLITIQUE.*

Prix : 2 francs 50 cent.

PARIS.
CHATET, SUCCESSEUR DE PÉLICIER, ÉDITEUR,
Boulevard Montmartre, 8
ET CHEZ LES LIBRAIRES DU PALAIS-ROYAL.

1839.

A.

DE L'ÉTAT
DES PARTIS EN FRANCE.

PARIS, IMPRIMERIE DE COSSON, RUE SAINT-GERMAIN-DES-PRÉS, 9.

DE L'ÉTAT

DES PARTIS EN FRANCE.

PAR LE BARON GUSTAVE DE ROMAND.

Dédié à la Chambre des Pairs.

> Le pouvoir est au concours et appartiendra au plus digne.
>
> *Lettre à M. le vicomte de* CHATEAUBRIAND, *sur les élections de* 1837, par le baron Gustave de Romand.

Deuxième édition.

PARIS,

CHATET, SUCCESSEUR DE PÉLICIER, ÉDITEUR,

Boulevard Montmartre, 8;

ET CHEZ LES LIBRAIRES DU PALAIS-ROYAL.

1839.

AVANT-PROPOS.

Cet écrit a donné lieu à des discussions importantes, et de nature à permettre d'apprécier jusqu'à certain point l'état de l'esprit public.

La Presse constitutionnelle a manifesté une réelle sympathie en faveur de la partie modérée de l'opinion légitimiste (1), et *l'Univers*, organe du clergé de France (2), s'est associé sans réserve au vœu de conciliation que j'exprimais à l'égard des amis du gouvernement représentatif et de la liberté.

La longue polémique de *l'Univers* et de *la Gazette*, polémique à laquelle prirent part toutes les gazettes de province, et le plus grand nombre des journaux de Paris, fut provoquée par la publica-

(1) Voir la note E.

(2) Cette expression est justifiée par les nombreuses adhésions que la grande majorité des ecclésiastiques éclairés de France a adressées à l'*Univers*, à l'occasion de sa récente polémique avec les journaux légitimistes.

tion d'une lettre en réponse aux attaques passionnées dont j'avais été l'objet.

Je réunis aujourd'hui cette lettre à l'écrit dont elle était le commentaire (1), et j'observerai qu'elle n'a pas même été mentionnée par un seul de mes adversaires, et que le *Journal des Débats*, à qui elle s'adressait, ne lui a pas accordé place dans ses colonnes.

Toutefois la question du gouvernement constitutionnel avait été nettement posée; j'avais pris pour drapeau la politique des Chateaubriand, des Royer-Collard, des Martignac; et, quoique j'eusse réservé la question dynastique, j'ai été soutenu par toutes les nuances de l'opinion parlementaire, depuis le *Journal des Débats* jusqu'au *Siècle* et au *Courrier Français*, tandis que des feuilles légitimistes me condamnaient et me répudiaient hautement.

Après la solennelle épreuve de ce débat, qui s'est prolongé plus de trois mois, il ne m'a plus été permis de douter de quel côté étaient les amis et les ennemis de mes idées politiques, et où je devais chercher des alliés et des appuis.

Il y a en France un grand nombre d'hommes tenus encore à l'écart par la révolution de 1830,

(1) A. Voir aux notes et correspondances.

mais demeurés fidèles aux opinions de la majorité parlementaire qui soutenait le ministère Martignac. C'est cette classe de citoyens honnêtes et éclairés que je me suis proposé, en vue de ses intérêts publics et particuliers, de ramener à la vie politique, et il est aujourd'hui constant qu'il n'existe plus ni haine ni préjugé qui la repoussent d'aucune participation aux affaires du pays.

De toutes les causes qui justifient l'existence du parti légitimiste, aucune assurément n'est plus majeure que l'exagération des principes de 1830. Ceux qui ont cru merveilleux d'opposer la maxime de la souveraineté du peuple, à la maxime du droit divin et absolu de la royauté, n'ont pas songé que leur proposition nouvelle n'était pas moins fausse et incomplète que celle qu'ils combattaient.

La souveraineté nationale en France, l'histoire de notre droit public est là pour l'attester, renferme en elle un double principe d'autorité, le pouvoir exécutif, attribut de la royauté, et le pouvoir législatif, attribut des assemblées de la nation. Ces deux élémens de la souveraineté se sont prêté d'abord un mutuel appui; mais, après que la lutte s'établit entre eux, ils furent entraînés à des usurpations et à des empiétemens réciproques, et ce fut pour mettre un terme aux suites désastreuses de ces conflits que l'on imagina de constituer l'un et l'autre pouvoir par un contrat qui devînt loi fondamentale de l'Etat, *une Charte écrite*.

Sous la première et la seconde race, nos ancêtres avaient les Champs de Mars et les Champs de Mai; Hugues Capet eut sa Cour des Pairs; les communes, opposées plus tard aux grands vassaux, formèrent les États-Généraux de la nation. On vit ensuite les Parlemens venir en aide aux Rois pour opprimer ou faire tomber en désuétude les États-Généraux; enfin Louis XIV régna seul sur la ruine des institutions qui limitaient le pouvoir royal.

Ce fut l'usurpation de Louis XIV sur les droits de la nation qui donna naissance à la doctrine du droit divin et absolu de la royauté. Le terme de cet abus de pouvoir était marqué en 1789. Mais, par une réaction inévitable, il produisit les usurpations des assemblées, et fut ainsi l'origine de tous nos malheurs depuis un demi-siècle.

La Constituante, préoccupée sans cesse de la crainte du despotisme, réduisit tellement l'autorité royale, qu'elle succomba bientôt sous les attaques auxquelles son état de dégradation ne lui permettait plus de résister.

L'anarchie et le despotisme sanglant de la Convention furent une conséquence de l'usurpation de cette assemblée ; mais, par un retour nouveau, le pouvoir législatif se vit ensuite opprimé jusqu'à la promulgation de la Charte de 1814.

Louis XVIII avait eu la sagesse de rétablir l'antique et légitime division du pouvoir politique ; mais, esclave des traditions de son aïeul Louis XIV, il évita de traiter avec le sénat et la chambre des représentans et prétendit lui-même au pouvoir constituant, faute qui devait entraîner la perte de l'infortuné Charles X.

Les malheurs de la restauration peuvent tous se rapporter à cette fausse doctrine sur la nature du pouvoir royal que Louis XIV légua à sa postérité, et au souvenir de l'ancienne prééminence accordée à certaines familles et aux intérêts du sol.

Louis XIV et la révolution avaient tellement ruiné l'aristocratie française, qu'elle n'avait plus de place marquée dans la société, et d'un autre côté l'essor du commerce et de l'industrie avait été tel depuis 1789, que les priviléges autrefois réservés à la possession territoriale devaient être désormais partagés avec ces nouveaux élémens de puissance et de conservation.

De là, une guerre permanente contre les patentés et des menaces perpétuelles de coups d'état; de là les ordonnances de juillet; de là, l'avénement d'une nouvelle dynastie; de là *le bill des droits*, *l'acte d'établissement*, la Charte de 1830, œuvre des trois pouvoirs constitutionnels.

La prérogative parlementaire fut dans son droit en résistant à la prérogative royale; mais elle a été conduite à l'usurpation de la souveraineté, soit par la violence et la faiblesse alternatives de la royauté, soit par l'inaction coupable de la pairie, qui paya par la perte de l'hérédité son abdication volontaire dans cet instant de crise.

La chambre des députés, effrayée de son triomphe, eut hâte de se démettre des pouvoirs extraordinaires dont elle s'était trouvée investie malgré elle, et, tremblante au souvenir de la Convention, elle obéit à l'impérieuse voix de sa conscience et de la conscience publique, en appelant au partage de sa souveraineté monstrueuse, quoiqu'éphémère, une royauté et une pairie nouvelles; de sorteque ces grandes institutions sortirent soudainement, par leur énergie virtuelle, du sein de la catastrophe qui avait semblé les engloutir.

La question des priviléges, la question du droit divin et constituant ont été jugées; la liberté seule n'est pas encore hors de cause.

De même qu'on vit le pouvoir législatif avoir raison des prétentions excessives de la royauté en 1830, de même on se souvient que le directoire sut aussi avoir raison des prétentions excessives du pouvoir législatif.

Toute tentative de l'un des pouvoirs constitutionnels pour sortir de ses attributions légales, pourrait donc entraîner avec elle la ruine du gouvernement représentatif et de la liberté.

En réhabilitant la maxime de la souveraineté du peuple, on serait conduit, par une conséquence logique et inévitable, à ces extrémités que repousse au contraire le principe de la souveraineté nationale, fondé sur le partage de l'autorité entre des assemblées législatives et une royauté mutuellement indépendantes, mais dont le concours de volonté et d'action constitue l'omnipotence parlementaire.

Si la souveraineté du peuple est admise, tout devient incertain et transitoire; la volonté d'aujourd'hui n'enchaîne pas la volonté du lendemain; il n'y a plus de droit que la force brutale; on tremble tour à tour devant la guillotine de Marat ou devant le sabre de Buonaparte; on décrète successivement la constitution de 1793 et les constitutions de l'Empire.

Depuis que l'aristocratie féodale a cessé d'exister, et que le clergé s'est exclusivement voué à des soins spirituels, le pouvoir législatif est passé au tiers-état. Est-ce à dire que ce pouvoir doive être exercé indistinctement par tous? évidemment non! L'égalité légale ne saurait détruire les inégalités naturelles ou civiles, et il y aurait une absurde injustice à confondre les droits et les intérêts si distincts et si variés d'une grande société. Un nivellement absolu établirait une oppression commune, et abaisserait toute une nation!

On reproche à Louis XVIII d'avoir déterminé par un cens arbitraire l'exercice des droits politiques, au lieu de revenir aux réglemens observés pour la convocation des Etats-Généraux en 1789; il est cependant difficile d'imaginer par quel mode d'élection ce prince eût obtenu une chambre plus dévouée que celle de 1815.

M. de Villèle, qui eut toujours la pensée, s'il faut en croire ses amis, de modifier la charte selon la monarchie, au lieu de gouverner la monarchie selon la charte, paraît très-préoccupé aujourd'hui de ces idées de retour aux anciennes formes électorales. L'opinion qu'il exprime sur cette question est fort différente de celle qu'il fit connaître en février dernier (1), et nous avouons que sa nouvelle lettre n'a pu détruire en nous l'impression de l'ancienne. On comprend toutefois que cet ancien ministre ait pu changer d'avis sur l'opportunité de son système de réforme électorale ; mais on s'explique mal comment la Gazette de France, qui soutient avec M. de Villèle l'élection à plusieurs degrés, fait cause commune avec les partisans de l'élection directe par le vote universel.

La propriété est la base de nos droits politiques, et nos lois électorales depuis 1815 ont semblé combinées, et à juste titre, de manière à remettre le pouvoir législatif aux mains d'une assemblée de notables. La loi qui produisit la chambre de 1828 n'était pas une loi trop mauvaise, et il eût été sage à ses réformateurs, de ne pas aller au-delà de l'abolition du double vote. Ce fut une faute de toucher au cens ; car l'on s'est ainsi placé sur une pente rapide, où il sera peut-être difficile un jour de s'arrêter. L'illustre général Foy était vraiment éclairé par un instinct profond, quand il définissait la loi des élections par le nom de *seconde charte*.

Les divers systèmes de réforme électorale qui viennent de se produire sont tous si incomplets, et laissent tant de doutes sur les améliorations qu'ils

(1) Voir la note D.

promettent, que le pays les a reçus avec la plus dédaigneuse indifférence. Ce n'est pas que notre loi actuelle soit fort bonne; mais nos discordes et nos préjugés nous permettent-ils de l'améliorer en ce moment?

La Gazette de France s'est égayée de l'adjonction saint-simonienne des capacités, et je me souviens d'avoir entendu dire à ce sujet, que nous étions déjà bien assez malades, sans aggraver encore notre situation par *des procès ou des maladies*. Ce système est dangereux en ce que son application sincère est presque impossible. A quel signe reconnaître les capacités? si l'on admet comme telles les licenciés en droit et les docteurs en médecine, les conseillers municipaux et les officiers de la garde nationale, sera-t-il permis de déclarer incapables les officiers de l'armée, et les hommes de mérite éprouvé qui remplissent nos administrations? Serait-ce qu'en se consacrant au service de son pays, on perd des droits à la confiance de ses concitoyens, ou bien affecterait-on une louable sollicitude pour la sécurité des fonctionnaires publics? Dans l'état de nos institutions, ces deux excuses seraient frivoles; le scrutin secret assure suffisamment la sécurité des fonctionnaires, et l'indépendance morale de leur position n'a rien à redouter d'une comparaison avec celle des professions appelées libérales.

La réforme préalable à toutes les réformes, la réforme la plus urgente, et qui devrait le plus préoccuper nos publicistes, est celle de nos préjugés et de nos mœurs. Avons-nous aujourd'hui quelque croyance commune? Quelle absence effrayante de tout lien social! quel scepticisme! Quelle préoccupation des intérêts personnels! que faire et qu'espérer de grand dans un tel état de prostration morale? Ceux qui nous ont devancé dans la vie se rient de nos efforts et de notre ardeur, et leur amitié s'évertue à nous préparer aux catastrophes que leur présage pour nous leur propre expérience.

L'avenir du gouvernement constitutionnel s'annonçait plus riant sous la restauration, quand il inspirait les voix éloquentes des Chateaubriand, des Royer-Collard, des Guizot et des Villemain! La liberté était bien jeune alors, et son front pur rayonnait de beauté et d'espérance.

Quelles que soient les tristes images qui ont passé sous nos yeux depuis neuf ans, il y a des cœurs où la foi ne peut jamais entièrement mourir. Ceux-là conserveront toujours un culte sacré pour ces nobles formes de gouvernement qui fécondent et élèvent à son plus haut développement l'intelligence humaine. La liberté de la presse et la liberté de la tribune, malgré tous leurs excès, seront toujours estimées par un peuple fier et généreux comme les premiers et les plus grands bienfaits de la civilisation.

Maintiendrons-nous les conquêtes de nos pères, ou bien en serons-nous encore dépouillés? C'est un problème de l'avenir qu'il serait téméraire de résoudre en présence de l'anarchie morale qui nous dévore.

Le gouvernement constitutionnel est un progrès et un perfectionnement des vieilles libertés françaises. Son but n'a pas été de mettre fin aux luttes du pouvoir royal, et du pouvoir législatif, mais en organisant leur antagonisme naturel, il a déterminé les règles du combat et la condition des combattans. La charte fixe les prérogatives de chaque pouvoir, et se place elle-même comme un juge suprême de la situation, prête à soutenir de sa puissance, de la toute-puissance de la loi, celui des pouvoirs sociaux qui serait menacé de servitude et d'oppression.

Quels ne sont pas cependant les périls de la liberté? ne voyons-nous pas conjurés contre elle les partisans de la Convention, les admirateurs de l'Empire sans l'empereur, les hommes qui rêvent encore l'absolutisme de Louis XIV, les restaurateurs de la société française qui cherchent à nous faire rétrograder au XIVe siècle, enfin les amis respectables et sincères de la république représentative, qui conservent encore contre le pouvoir monarchique les préjugés si fatals de la Constituante et de la Législative ? C'en est fait du parti constitutionnel s'il ne se rallie pas pour tenir tête à l'orage ; il y va de son existence de faire trêve à ses dissentimens pour tourner toutes ses forces contre l'ennemi commun !

Certains publicistes ont pris à tâche de jeter de l'odieux sur le régime de la charte, en le représentant faussement comme une innovation étrangère. La charte de notre France, comme la charte d'Angleterre, sort des entrailles elles-mêmes de l'histoire. C'est une semblable expérience et une même nécessité qui a donné cette nouvelle forme aux anciennes institutions représentatives des deux peuples ; si les développemens politiques de la France et de l'Angleterre ont suivi des phases différentes, il y a entre eux communauté d'origine, communauté de principes, communauté de malheurs ; l'usurpation du pouvoir royal sur le pouvoir législatif a déterminé les Anglais, et après eux les Français à tracer d'une manière stable *dans des lois écrites* les attributions et les prérogatives légitimes de chaque pouvoir.

La souveraineté nationale en France comme en

Angleterre émane d'un juste partage d'autorité entre le pouvoir royal et le pouvoir législatif, et du concours de leur volonté et de leur action.

Autant le principe de la souveraineté nationale ou de l'omnipotence parlementaire est rationel et conservateur, autant la maxime de la souveraineté du peuple est anti-sociale et subversive de tout ordre établi.

Le pouvoir royal et le pouvoir législatif sont deux légitimités à titre égal chacun dans l'ordre de leurs attributions, et l'exercice de tout gouvernement est impossible si l'on ne reconnaît pas la légitimité des pouvoirs constitués (1).

C'est le principe de la légitimité du pouvoir qui donne seul à ses actes le caractère de la légalité.

La différence entre la monarchie absolue et la

(1) La *Gazette de France* et le *Capitole* provoquent, depuis quelque temps, les populations aux refus de l'impôt et les gardes nationales du royaume à des pétitions, inadmissibles pour des corps armés, dans le cas où la Chambre des Députés n'admettrait pas immédiatement leurs projets de réforme. Il serait curieux et important de savoir si M. de Villèle approuve et regarde comme constitutionnels les moyens proposés par la *Gazette*.

monarchie constitutionnelle consiste dans la substitution de la légitimité constituée à la légitimité constituante.

Méconnaître ces principes, c'est oublier les premières règles de justice et de nécessité sociale, c'est renoncer enfin à la liberté légale pour se jeter dans les voies inconnues de l'arbitraire.

Je ne sais si la souveraineté du peuple, cette souveraineté aveugle du nombre et de la force brutale, nous fera subir encore la honte de l'anarchie, ou du despotisme militaire, mais j'ai la conviction profonde que le règne de la maison de Bourbon en France est désormais inséparable du règne de la liberté. C'est une condition glorieuse pour cette grande race de voir son antique existence absolument liée à l'existence de nos vieilles franchises politiques et de notre jeune liberté ; il y a là pour elle un droit indestructible et inébranlable de légitimité nationale.

En donnant cette seconde édition, nous pourrions répondre à beaucoup de critiques, par l'adhésion sans réserve de plusieurs personnages très-marquans ; nous nous en abstiendrons pourtant, ne voulant engager personne avec nous ; toutefois, si nous gardons le silence sur les éloges, nous croyons pouvoir être moins scrupuleux pour la critique, dans la situation toute exceptionnelle qui nous a été faite, et nous publions les fragmens de quelques lettres (1) qui honorent non seulement leurs auteurs, mais en même temps le parti auquel ils appartiennent. Nous appelons sur ces lettres l'attention des hommes politiques, persuadés qu'ils y trouveront à la fois des lumières nouvelles sur le caractère de nos discordes civiles, et les plus salutaires inspirations.

Paris, 7 novembre 1839.

(1) Voir les notes B et C.

DE L'ÉTAT

DES PARTIS EN FRANCE,

PAR LE BARON GUSTAVE DE ROMAND.

Dédié à la Chambre des Pairs.

> Le pouvoir est au concours et appartiendra au plus digne (1).

La France est fatalement divisée.... Ses forces actives, au lieu de concourir à un même but, se combattent à l'envi, et se neutralisent; la grandeur et la prospérité du pays deviennent ainsi des chimères impossibles à réaliser, et les mauvaises passions s'accroissent par l'impuissance de la vertu.

Cet antagonisme est peut-être une triste nécessité des

(1) *Lettre à* M. le vicomte de Chateaubriand *sur les élections de* 1837, *par le* baron Gustave de Romand.

époques de rénovation sociale; lorsque l'on sort des routes battues, mille guides se présentent pour explorer les champs inconnus de l'avenir; les intérêts nouveaux n'ont à espérer ni pitié ni merci des intérêts anciens dont ils se séparent; il y a de part et d'autre des rivalités injustes et implacables, et les préjugés mutuels se soutienuent à la faveur des froissemens et des malheurs qu'accompagnent toujours les grands changemens.

Les deux partis s'égarent long-temps, et s'agitent d'erreurs en erreurs, cherchant presque toujours des points d'appui partout ailleurs où se rencontrent leurs affinités naturelles. De là des mécomptes, des défections apparentes, des ressentimens, des injures, faute d'avoir choisi ses alliés véritables, faute d'avoir suffisamment compris non-seulement la situation des autres, mais sa propre situation.

Heureux le jour où un soleil pur écarte les nuages, et laisse luire à tous les yeux la raison et la vérité.

En 1789, la grande œuvre de la monarchie absolue était accomplie. Le pouvoir féodal et aristocratique tombait en ruine, et derrière lui s'élevait une bourgeoisie nombreuse et possédant tous les avantages sociaux, esprit, savoir, vertu, enfin l'indépendance qui suit la fortune. La nation s'était formée, par la réunion successive des provinces, autour d'un pouvoir central ; il restait à organiser les élémens divers de cette vaste communauté qui subsistaient l'un près de l'autre sans avoir une place justement marquée ; il s'agissait de rétablir l'ordre dans ce désordre réel, quoiqu'inaperçu, et c'est la grande tâche qu'osèrent s'attribuer les états généraux en se déclarant assemblée constituante.

Le pouvoir monarchique avait commencé l'unité de la France à son profit ; l'assemblée constituante la consomma au profit de la société ; toutes les barrières matérielles et morales furent renversées ; on décréta à la fois l'abolition des anciennes circonscriptions provinciales et des classifications qui divisaient la société ; enfin, à la place des anciennes coutumes on proclama le droit commun et la centralisation politique. Cette révolution s'opéra à l'aide des grands principes de l'égalité politique, et de la liberté.

Les luttes, au sein desquelles se poursuivirent ces réformes salutaires, firent dépasser le but que s'étaient proposés les esprits les plus éclairés de l'époque. Tremblans sans cesse sur le sort de leurs conquêtes, les réformateurs ne craignirent pas, pour les garantir, de désarmer l'autorité ; mais bientôt l'anarchie et la licence régnèrent à la place de la liberté, et se perdirent elles-mêmes dans le despotisme.

Le despotisme de Napoléon n'avait rien de commun

avec l'absolutisme de Louis XIV. Ce fut l'inauguration de la monarchie moderne telle qu'un soldat de la Convention pouvait la concevoir! Frappé de l'impuissance légale du Directoire, Napoléon se fit la loi vivante de l'époque, et entreprit de tirer la société du cahos où elle était plongée. Son génie et son bras ne faillirent point à ce travail de géant, et il sut tellement étonner les imaginations et tellement épuiser l'activité nationale, à force d'exploits surhumains, qu'il organisa enfin et disciplina cette turbulente et jeune démocratie dont les écarts terribles menacaient de tout détruire autour d'elle, et de se détruire elle-même de ses propres mains.

Le pouvoir se releva si grand dans les mains de Napoléon, que les apôtres les plus fougueux de la liberté absolue se transformèrent en dociles instrumens de son despotisme, et que la nation entraînée par leur exemple fit éclater autant de fanatisme dans son obéissance qu'elle en avait montré dans les sentimens d'une indépendance sauvage.

Napoléon céda lui-même à l'enivrement général, et tomba faute de s'être arrêté à temps dans sa prodigieuse politique. Ses institutions ne furent au reste acceptées que parce qu'elles avaient pour base le principe fondamentale de la révolution française, l'égalité. Personne n'eût songé à se révolter contre des distinctions auxquelles chacun pouvait prétendre, et qui furent toujours le prix du mérite et de la gloire.

La restauration arriva nous apportant avec elle la liberté; mais l'enthousiasme dont elle fut l'objet se refroidit dès qu'on s'aperçut qu'elle avait aussi rapporté des préjugés dont 1789 devait avoir fait justice. Les prétentions du parti de l'émigration ressuscitèrent les prétentions révolutionnaires qui n'osaient plus s'avouer, et la charte devint le champ-clos où l'ancienne société et la société nouvelle se livrèrent pendant 15 ans un duel à mort. L'issue de la lutte n'était pas douteuse, et l'événement de 1830 put être prédit à partir du jour ou la liberté et l'égalité semblèrent décidément incompatibles avec la légitimité, et où leur divorce fut ouvertement annoncé.

Tout se trouva donc remis en question; l'incertitude des principes allait reproduire l'ancien cahos et l'ancienne anarchie.

L'autorité était une seconde fois vaincue par les idées, comme à la fin du dernier siècle, parce qu'elle n'avait pas su les comprendre et les diriger; mouvement bien différent des révolutions de 1814 et 1815, qui furent surtout produites par des événemens extérieurs.

Quand l'orage populaire eut balayé de nouveau les institutions établies, les théories reparurent avec la liberté de discussion, et tous les partis furent un instant légitimés. On entendit soudain les uns prêcher le système électif, les autres le système monarchique, ceux-ci proclamer les progrès et la civilisation par la paix, ceux-là par la guerre; forum immense et tumultueux où les clameurs et le nombre des combattans permettaient à peine à l'intelligence de se reconnaître.

Les députés de 1830, contre lesquels avait été dirigé le coup d'état des ordonnances, restèrent debout. Reconnus pour arbitres de la situation, ils se virent investis par les événemens d'une dictature momentanée; on avait fait table rase, ils étaient maîtres de tout décréter en cet instant solennel. Le système monarchique prévalut, et, parmi les candidats à la couronne, le duc d'Orléans, premier prince du sang de l'ancienne maison régnante, fut choisi. Alors les passions qui avaient fait silence, chacune dans l'espérance de l'emporter, se réveillèrent. On réclama contre l'arrêt des députés, et ce fut une protestation générale de la part de tous les dissidens, républicains, bonapartistes, légitimistes, constitutionnels, enfin contre-révolutionnaires eux-mêmes, qui seuls avaient été réellement vaincus par les élections et par les barricades de juillet.

Quelle était donc la pensée de la grande majorité parlementaire, qui se prononça pour le maintien de la monarchie et proscrivit l'ancienne race royale, en élevant au trône une dynastie nouvelle?

Les partisans de ce système, frappés de la triple catastrophe dont la branche aînée des Bourbons avait été victime dans l'espace d'un demi siècle, regardèrent sans doute l'établissement de la liberté et de l'égalité comme incompatible avec la doctrine du droit divin ; ils crurent que sous le règne de la branche aînée l'influence des anciens privilégiés serait toujours trop prépondérante et menacerait sans cesse les intérêts nouveaux, et les conquêtes de la révolution.

Les abdications de Rambouillet, sans les rassurer sur ce danger, fortifièrent leurs résolutions au lieu de les ébranler. Que d'inextricables difficultés allait en effet soulever la minorité du duc de Bordeaux! A qui confier le royaume dans ce temps de dissensions et de guerre civile? Quel pouvoir d'emprunt serait capable de résister à l'intrigue et à la fureur des partis? Comment accorder ensemble les amis de Charles X, du dauphin, de la duchesse de Berry, le grand parti constitutionnel, sur la politique à suivre et sur le choix d'un régent? L'intronisation d'une nouvelle dynastie semblait au contraire parer à tous les embarras, et s'offrait en outre comme une satisfaction accordée au parti populaire encore en armes et dont le sang venait de couler. L'état des mœurs et de l'opinion publique, les intérêts nombreux dont la stabilité est le premier besoin, l'influence des souvenirs de 1793 sur la France et sur l'Europe, l'avantage d'une certaine harmonie avec les gouvernemens étrangers, la conviction enfin que la monarchie constitutionnelle favorisait le progrès social autant que la république sans en avoir les inconvéniens, tels furent les causes qui firent ensuite préférer le système monarchique et héréditaire au système électif et républicain. La république ne semblait pas pouvoir échapper au despotisme de la Convention ou à l'anarchie qui amena le partage de la Pologne.

La forme monarchique fut donc maintenue après le renversement de la légitimité ; mais cette royauté que l'ancienne dynastie tenait de la naissance, la nouvelle dynastie la tiendrait du vœu national ; le pouvoir de la nouvelle royauté émanerait désormais d'un contrat passé librement entre le prince et la nation, et obligatoire également pour tous deux. La Constitution, au lieu d'être le volontaire octroi du prince, serait pour lui une condition et une nécessité de gouvernement, et cette raison d'existence deviendrait en même temps la source de sa force et de son droit.

Napoléon n'était plus ; mais son fils avait grandi dans l'exil. Le reflet de la gloire paternelle et le prestige du malheur l'entouraient d'une magique auréole ; les suffrages de la France avaient placé la couronne sur le front du père ; les droits héréditaires du fils avaient été solennellement reconnus ; la France et l'Europe l'avaient salué dans son berceau du titre de roi des Romains ! Le fils de Napoléon semblait l'expression du voeu national comme la branche aînée des Bourbons l'était de la légitimité ; sa proche parenté avec la maison d'Autriche promettait une alliance à la révolution. Le duc de Reichstadt n'était-il pas l'héritier naturel des événemens de 1830 ? Comment donc fut-il écarté ?

C'est que les idées représentées par ce jeune prince se trouvaient profondément altérées par différentes causes dont il était innocent quoiqu'il en subit la solidarité. Les événemens de 1814 et de 1815 avaient placé le fils de Marie-Louise sous la tutelle de l'Autriche, et ce n'était pas avec lui mais avec l'Autriche qu'il fallait dès-lors négocier son retour en France. La révolution serait donc à la merci d'un cabinet étranger dont elle demanderait l'attache pour s'établir ? Outre cette humiliation, on était encore condamné à des lenteurs soit à cause de l'éloignement de Vienne, soit à cause de la gravité de la décision, où la diplomatie européenne ne pouvait manquer d'intervenir, et l'on perdait pour l'organisation du nouveau gouvernement un temps précieux dont sauraient profiter ses adversaires. L'éducation Autrichienne du duc de Reichstadt pouvait encore inspirer quelque ombrage, et il était permis de redouter l'influence des hommes et des idées au milieu desquels il avait vécu. Enfin le nom de Napoléon ne rappelait pas seulement le triomphe de l'ordre et de la révolution, mais des idées de guerre et de despotisme qui auraient effrayé la France et l'Europe.

Le duc d'Orléans, au contraire, était présent; personne n'ignorait qu'il avait rapporté d'exil les sentimens patriotiques de sa jeunesse, et quand le chemin de la France lui fut rouvert, il n'avait point pactisé avec les passions de l'émigration, ou avec les illusions fatales de sa famille, et s'était tenu en dehors de toute action politique.

Le duc d'Orléans n'avait pas seulement donné des gages à la liberté, mais son amour des arts, et l'accueil distingué qu'il réservait aux gens de lettres, aux savans, aux grands industriels, à tous ceux en un mot qui honoraient le nom Français par leurs découvertes, leur caractère ou leur talent, faisaient présager en lui une profonde intelligence de son époque, et le représentaient comme l'expression du progrès social à la faveur des arts de la paix. L'Europe l'avait rencontré sur les champs de bataille, défendant l'indépendance de sa patrie, et ce souvenir devait rassurer les cœurs jaloux de notre dignité nationale. La situation de ce prince était donc merveilleuse et unique pour proclamer les grands principes de non intervention, d'ordre et de liberté.

L'accord imposant qui avait présidé au choix du nouveau souverain ne fut pas de longue durée; bientôt, les orléanistes se divisèrent en deux partis, celui *du mouvement* et celui *de la résistance*. Le parti du mouvement prétendit que le changement de dynastie emportait avec lui le changement de tous les agens de l'ancien gouvernement, et le renouvellement complet de nos lois politiques; peu conséquent avec le principe de non intervention qu'il venait de poser, il voulut s'immiscer dans les affaires intérieures des gouvernemens étrangers, où le contre-coup des événemens de juillet avait suscité des troubles et des révoltes; à l'en croire, il y avait solidarité de principes et d'honneur pour la France, à soutenir, à main armée, la Belgique contre la Hollande, la Pologne contre la Russie, les États d'Italie contre l'Autriche et le St-Siége; c'était la guerre générale, et une guerre de propagande, en même temps que le système de réaction, à l'intérieur, pouvait rallumer la guerre civile, qui avait été si miraculeusement terminée. Le parti de la résistance hésita d'abord, et subit les conséquences de son hésitation. Les lois organiques de la Chambre des Pairs et de la Chambre élective, dont le pays venait d'éprouver les salutaires effets, furent rapportées; l'émeute dévasta les églises et les monumens publics, abattit les croix, et effaça violemment et fit effacer, par l'autorité elle-même, les armoiries héréditaires du prince qui venait d'être élevé au trône!..... A la vue de ces excès, le parti de la résistance sortit de sa torpeur, et s'organisa énergiquement sous la conduite d'un homme de cœur, qui périt à la tâche. Dès que Casimir Perrier eut paru aux affaires, la paix intérieure et extérieure fut consolidée, la confiance se ranima et le monde reprit son cours accoutumé. La résistance s'arrêta, plus tard, avec les circonstances qui l'avaient fait naître; le mot de conciliation fut alors prononcé, et l'on donna l'amnistie. Ce fut la gloire de M. le comte Molé, d'attacher son nom à ce grand acte de clémence, comme il l'avait attaché déjà au grand principe de non intervention. Cependant, l'expérience de 8 ans n'avait pas été perdue; des rapprochemens honorables s'étaient opérés, et il devait résulter de la marche incessante des événemens, une fusion de plus en plus grande des opinions les plus homogènes, qui transformerait à la fois le parti gouvernemental et le parti de l'opposition.

Tels sont encore les espérances et les vœux des hommes qui ont pris pour devise politique le nom de *conservateurs*. Ils estiment que leurs efforts ont maintenu les véritables principes de juillet, les véritables idées qui présidèrent au grand mouvement de 1830, c'est-à-dire la conquête définitive de l'égalité politique et de la liberté, la réhabilitation des classes commerçantes et industrielles, le gouvernement partagé entre le pays et la royauté, enfin l'établissement régulier d'une démocratie organisée de telle sorte que ses institutions la protègent contre le retour des excès où avait déjà succombé la liberté.

Ce sont ces principes qui ont dicté la suppression du préambule de la Charte de 1814, et de l'art. 14 de cette Charte, en vertu duquel avaient été rendues les fatales ordonnances de juillet; la substitution de l'impôt au privilége exclusif de la propriété territoriale, dont le dernier ministère de la restauration voulait faire l'unique base des droits politiques; l'abolition définitive de la censure; le droit d'initiative des deux Chambres; la liberté des cultes; l'application du jury aux délits de la presse; la création des cathégories légales où la pairie devrait se recruter à l'avenir; l'interdiction des tribunaux d'exception; l'élévation des notabilités du commerce et de l'industrie aux premières charges et aux premières dignités de l'État.

Pendant que le maintien de la paix ouvrait une libre carrière à tous les arts, on relevait le drapeau tricolore, et on rétablissait sur un pied formidable l'armée et la marine. L'alliance des États constitutionnels de l'Occident fut opposée à l'alliance des monarchies absolues dn Nord; nos établissemens d'Afrique furent étendus et affermis ; des réformes salutaires s'opérèrent dans les prisons et dans les établissemens de bienfaisance ; une nouvelle organisation municipale et départementale fut créée; des canaux, des chemins de fer furent construits ; nos ports ont été réparés et assainis ; d'importantes communications par mer ont été ouvertes avec l'Orient ; Paris s'est enrichi de monumens nombreux ; les merveilles du siècle de François Ier ont été ressuscitées à Fontainebleau; Versailles, la fastueuse demeure du grand roi, a été consacré à toutes les gloires de la France!... Des voyages scientifiques ont été accomplis en Islande, en Norwége, dans les mers du Sud ; notre armée s'est illustrée à Ancône, à Mascará, à Constantine ; notre brave marine a fait tomber en quelques heures les formidables ramparts de Saint-Jean d'Ulloa ! Enfin les symptômes de guerre s'éloignent de jour en jour ; les troubles ont été apaisés sur tous les points ; la Belgique est entrée comme royaume indépendant dans la grande famille européenne ; l'État politique de la France, sans être encore partout compris, est partout respecté.

Tels sont les grands résultats que le parti conservateur est fier d'avoir obtenu en neuf années, au sortir d'une révolution qui avait ébranlé le monde, et à travers les obstacles de tout genre, suscités par la presse, les émeutes, les tentatives des divers prétendans, les coalitions électorales et parlementaires.

C'était encore trop peu pour les logiciens du principe de la souveraineté du peuple ; la conséquence rigoureuse de ce principe n'est-ce pas la république? Quoi de plus opposé et de plus contradictoire au progrès social et à la perfectibilité humaine que l'intérêt fixe et permanent de la royauté? Enflammés par leurs théories, les républicains rêvent un véritable Eldorado, et, dans leur impatience de réaliser leurs vœux, ils attaquent sans relâche le système monarchique comme une entrave honteuse au développement de la raison humaine! Est-il possible d'admettre que l'expression actuelle de la volonté du peuple puisse engager définitivement sa volonté du lendemain, et comment établir à plus forte raison qu'une génération s'investisse du privilége de dicter la loi aux générations futures? Donc la souveraineté du peuple reconnue en 1830 ne saurait jamais être abdiquée au profit des fictions constitutionnelles!...

Telle est l'argumentation du parti républicain. La royauté héréditaire ne lui paraît pas plus rationnelle que la pairie héréditaire et que l'ancienne hérédité féodale et nobiliaire. Pourquoi donc avoir aboli ces priviléges si on laisse subsister la royauté qui est le plus énorme des priviléges et le seul dangereux pour la liberté?

Quelque contestables que soient ces doctrines, ce serait un tort de les dédaigner et de ne répondre à leurs négations que par d'autres négations. L'opinion républicaine prend sa source dans des sentimens honorables avec lesquels il faut sérieusement compter, et il importe de distinguer entre la bonne foi et les passions révolutionnaires, entre les lumières et l'ignorance.

Certes il y eut des hommes en 1830 qui n'adhérèrent au nouvel établissement monarchique que par un noble esprit d'obéissance au vœu des majorités. Ces hommes ne voyaient dans la royauté de juillet qu'une transition à la république et un moyen d'y arriver sans secousse en infiltrant insensiblement ses idées et ses principes dans les esprits, et en formant les mœurs à sa pratique. Quand ils virent le nouveau trône s'appuyer sur des institutions monarchiques au lieu de s'entourer des institutions républicaines, dans lesquelles ils espéraient l'absorber, ils se séparèrent violemment et rompirent tout pacte avec lui.

Fidèle à ses convictions, conséquente à ses principes de justice et de liberté, cette opinion s'efforça de prévaloir par la discussion, et prit à tâche de démontrer l'excellence de la république représentative, dont l'Amérique du Nord nous offrait le modèle. Si, dans l'état des mœurs du siècle, la liberté républicaine fille des mœurs, était impossible, rien ne prouvait que nous ne fussions pas murs pour cette autre espèce de liberté produite par les lumières et la civilisation perfectionnée dont la découverte avait consolidé l'émancipation des États-Unis. Le système américain établi sur deux chambres et sur une présidence temporaire semblait repousser toute idée de violence et de dictature. D'ailleurs l'appel qui était fait aux intelligences excluait de lui-même l'emploi de la force brutale; jaloux de préparer l'avenir, les hommes qui professaient ces doctrines avouaient sans difficulté que leur temps n'était pas venu.

Autant cette école politique obtint de considération, sinon de crédit dans l'opinion publique, autant elle fut bientôt dédaignée par la grande majorité du parti républicain. Ses détracteurs lui reprochaient à la fois et la lenteur de ses voies d'exécution et son impossibilité pratique. En effet non seulement elle subissait condamnation pour le présent et reculait l'avenir, mais elle ne se présentait même pas pour l'époque de son triomphe avec des conditions de force et de durée. Comment avec deux chambres et la faible autorité d'un président contenir et réprimer les ennemis intérieurs et extérieurs de la république? A quoi servirait une double représentation, sinon à ralentir la marche des affaires et à consacrer encore une espèce d'aristocratie? les partisans de l'égalité absolue ne se méprenant ni sur leur petit nombre, ni sur la masse compacte de résistance qu'ils auraient à vaincre, ne voulaient qu'une seule chambre et la dictature d'un comité ou d'un seul. Ainsi, pour atteindre l'idéal de la liberté ils commençaient par abdiquer toute espèce de liberté, et ils établissaient la tyrannie au profit d'une violente minorité. Peu soucieuse de persuader et de convaincre, cette faction fut uniquement dominée par la pensée d'asservir amis et ennemis. La liberté de discussion ne fut pour elle qu'un moyen de provoquer des scandales, de fomenter des haines, de mettre au banc de l'opinion quiconque repoussait sa loi. L'assassinat et l'émeute furent érigés en droit, et l'on vit s'accréditer la maxime impie, *que la fin justifie tous les moyens*. Alors les plus impures passions jetèrent le masque et formèrent, sous les auspices du crime, les plus effroyables associations. Le fanatisme, l'ignorance, la cupidité se donnèrent la main et enveloppèrent dans la même proscription la constitution politique et la constitution sociale elle-même! On ne jura plus seulement haine et mort à la royauté, la secte régicide fit jurer à ses adeptes : *Mort à Louis-Philippe et aux aînés de sa race*, *mort à tous les rois de l'Europe*, *mort à la bourgeoisie*, *mort aux riches qui exploitent le peuple!* On évoqua pour le jour de la vengeance et de l'émancipation, les souvenirs les plus sanglans de 1793; on proclama la loi agraire; on abandonna la société au sac, au pillage, à un massacre général; honteuses et fatales extrémités qu'ont dû produire dans certaines classes l'exaltation insensée de la souveraineté du nombre, que de coupables prédications cherchèrent à substituer à la souveraineté de la raison et de l'intelligence (1). C'est en

(1) Voir le rapport de M. Mérilhou sur l'affaire du 12 mai.

vain toute fois que ce qu'il y a de plus immonde au fond de la société, est monté à sa surface ; c'est en vain qu'on a réveillé au fond des âmes, ce que l'humanité peut enfanter de plus extravagant et de plus pervers ; c'est en vain que notre époque a été épouvantée par des attentats dont les annales des nations n'offrent pas d'accumulation semblable, la civilisation française se défendra elle-même et ne périra pas.

Les républicains honnêtes sont les premiers à repousser d'aussi affreux auxiliaires, et sentent mieux que personne que des principes ainsi compris et pratiqués, repoussent toute application actuelle. Force leur sera donc de revenir à la monarchie représentative, et de l'accepter au moins comme un état actuellement nécessaire. Peut-être l'expérience les conduira-t-elle encore plus loin, et finiront-ils par reconnaître qu'avec l'organisation politique de l'Europe et la situation continentale de la France, aucun gouvernement républicain ne saurait échapper long-temps à la dictature militaire, et que l'autorité civile de tout président serait bientôt effacée par le premier général victorieux. Ils s'attacheront donc peut-être à la monarchie par amour de la liberté, et sépareront leur cause de celle des hommes qui l'ont déshonorée par leurs criminelles folies.

C'est déjà même l'influence de ces idées qui a transformé un grand nombre de républicains en bonapartistes. En effet tous ceux qui n'avaient favorisé l'établissement du 9 août que pour en faire une pierre d'attente à la république, désaffectionnés aujourd'hui du gouvernement de 1830, et désabusés en même temps d'une république trop prématurée, reportent sur la famille Bonaparte les espérances de monarchie républicaine, et de démocratie royale qu'ils avaient d'abord fondées sur la famille d'Orléans.

Le buonapartisme en reparaissant sur l'horizon politique ne se montre plus comme dans la première moitié de la restauration, ou même en 1830, avec un caractère de fidélité et de dévouement dynastique; ce caractère a disparu depuis la mort de Napoléon et du duc de Reichstadt; il a reparu comme parti intermédiaire entre les partis issus de la révolution de juillet, et comme point de ralliement à toutes les illusions déçues et à tous les mécontentemens. Aucun des membres de l'ancienne famille impériale ne saurait se flatter aujourd'hui d'être l'objet du culte chevaleresque que les Bertrand, les Lascazes, les Montholon, les Labédoyères avaient autrefois professé pour leur illustre maître; en adoptant les gloires et les malheurs de l'Empire, le trône de juillet s'est acquis des titres à leur fidélité, et c'est parmi les compagnons d'armes de Napoléon ou parmi leurs fils que Louis-Philippe compte aujourd'hui ses partisans les plus déclarés et ses plus fermes soutiens. L'ancienne famille impériale n'en représente pas moins une idée politique particulière et bien distincte des idées représentées par la branche aînée des Bourbons et par la branche d'Orléans. Cette idée c'est la guerre, c'est la prépondérance de l'armée; c'est un système militaire en opposition avec le système de développemens pacifiques dans lesquels nous sommes entrés depuis neuf années.

Il y a des hommes que préoccupent tellement la gloire des armes et les triomphes de l'empire, qu'ils semblent n'apprécier que la politique qui se fait à coup de canon. Plus sensibles à la puissance matérielle qu'à la puissance des idées, ils se sont habitués à ne reconnaître d'autre influence réelle dans les affaires du monde que celle des armées victorieuses; ils n'admirent que les accroissemens de territoire, et sont peu frappés de la vivification du sol par les arts, le commerce, l'industrie, les institutions de la liberté. Les Buonapartes se regardent donc comme les continuateurs de cette politique d'envahissement et de conquête, et ils se flattent de gagner les sympathies de l'armée et celles du parti révolutionnaire. Ainsi, pour les uns, l'avénement des Buonapartes se présente comme un nouvel affaiblissement du pouvoir, et un agrandissement de l'élément démocratique, tandis que pour d'autres, il annonce une ère de gloire qui les séduit assez pour ne pas s'inquiéter du sort de la liberté. Si quelques uns ne veulent déférer au prétendant Louis Napoléon qu'un pouvoir temporaire et à vie, et en faire un consul ou un généralissisme de la république, le plus grand nombre héritier des préjugés de l'empire contre les amis de la liberté, espère que les Buonapartes mettront fin au règne des idéologues, et pourront seuls rétablir le principe d'autorité si profondément altéré à leurs yeux par les principes de juillet, qu'ils pensent que la dynastie d'Orléans se dépopularisera vainement à cette œuvre de restauration sociale qui leur semble au dessus des forces morales de sa position. Démocrates, absolutistes, mécontens de toutes les nuances d'opinions, tous espèrent gagner à un changement, soit par la part qu'ils prendraient à la révolution nouvelle, soit par la satisfaction que cette révolution donnerait à leur politique. On ne saurait nier que cette masse de mécontens réunis autour du même drapeau ne lui donne une véritable importance, mais on chercherait vainement dans cette association confuse la moindre idée de progrès social. Si la révolution buonapartiste affaiblissait le pouvoir, elle nous ramènerait par la licence au régime de la terreur; si, au contraire, elle rendait à l'autorité le prestige de la gloire impériale, nous retomberions sous le despotisme militaire : ainsi, cette révolution ne serait pas le triomphe mais la ruine de la liberté !

Une des causes les plus graves du malaise social depuis

1830, malaise moral plutôt que matériel, et qui tient à l'incertitude de l'avenir comme à la durée extraordinaire d'une crise dont il est encore impossible de prévoir le terme; une des causes les plus graves, dis-je, de cet état anormal, c'est la division que les événemeus de juillet ont indroduite dans le parti conservateur, et qui l'ont partagé en *orléanistes* et en *légitimistes*. C'est une bien déplorable fatalité qu'au moment où les passions anarchiques et perturbatrices étaient livrées au plus effrayant, essor, les hommes les plus intéressés à l'ordre, les hommes de la légitimité et de la grande propriété aient été jetés tout à coup dans une opposition radicale et presque révolutionnaire.

Nul parti n'est moins connu, ou du moins n'est plus mal jugé que le parti légitimiste; il est vrai que nul autre peut-être n'est aussi dissemblable dans ses diverses nuances.

Il y a peu de bonne foi dans le mépris qu'affecte pour ce parti en masse certains esprits étroits et certaines consciences douteuses; le sentiment vrai qu'il inspire est le respect!.....

Et qui pourrait se défendre de le respecter? Où trouver des principes plus élevés et plus droits? Où trouver plus de grandeur et d'abnégation? C'est à la fois un sentiment et une croyance; c'est le feu sacré de la vie elle-même, et qui ne s'éteint qu'avec le dernier battement du cœur! Religion, honneur, vertu, devoir, tels sont les sources divines de cette grande opinion dont la légitimité est le symbole et dont le culte s'offre à des martyrs.

Oui, la doctrine de la légitimité est respectée, profondément respectée par tous les hommes de cœur et dintelligence! Qui ne serait pas touché de cette foi constante qui résiste à un demi-siècle de catastrophe? Quel être doué de réflexion ne sentira pas ce qu'il y a de fort et de puissant dans ces doctrines contre lesquelles les événemens ne peuvent rien, puisque les hommes et les événemens passent et que les principes seuls sont impérissables.

Une société peut-elle donc exister sans une loi commune, qui serve de base à toutes les lois? Non sans doute, et cela est si vrai que partout où la lègitimité n'existe pas comme un droit à part et en dehors de toute atteinte, on a crée des légitimités de convention et les fictions ont pris la place de la réalité. La légitimité n'est pas autre chose qu'un droit établi pour être la garantie de tous les droits; c'est la pierre angulaire de l'édifice social; c'est une barrière morale contre laquelle se brise la révolte des faits individuels; c'est un droit qu'on appelle *divin* parce que de Dieu seul émane toute espèce de droit et de justice.

Nous avons dit que rien n'était plus dissemblable à lui-même que le parti de la légitimité ; nous allons le prouver, et l'on reconnaîtra que c'est l'exagération des principes admirables sur lesquels repose ce grand parti qui a pu seule le faire méconnaître, événement déplorable pour les amis de l'ancien et du nouveau pouvoir, car il a rendu pour long-temps l'exercice de tout pouvoir impossible.

Il existe encore, qui le croirait? des hommes qui n'ont rien appris et rien oublié depuis 1789? Pour eux la révolution française est toujours une révolte qui pouvait être arrêtée avec un peu plus de fermeté. Ces hommes n'imaginent point de monarchie, ni de société différente de l'ancienne monarchie et de l'ancienne société française. En 1814 et en 1815 il aurait fallu, selon eux, traiter la France en pays conquis et user des droits de la victoire au dix-neuvième siècle comme en avaient usé les Francs au moment de la conquête des Gaules. Ils ne réfléchissaient pas que ce n'étaient ni l'ascendant de leurs armes, ni l'ascendant de leurs opinions qui les avaient ramené d'un long exil, mais des événemens tout-à-fait étrangers à eux, et dont ils profitaient, grâce à la protection qu'ils recevaient d'une couronne qu'ils n'avaient pas su défendre, et que la nation relevait sans eux. Ils rêvaient, dans leur fol orgueil, une nouvelle possession de leurs anciens priviléges et l'héritage des institutions de l'empire, assemblage monstrueux de despotisme et de féodalité dont il n'existait pas d'exemple dans notre histoire. Ces hommes à courte vue ne s'aperçurent pas qu'il y avait un abîme entre leurs prétentions généalogiques et les distinctions personnelles accordées par Napoléon au mérite et à la gloire. L'empire, en donnant des titres à ses hauts dignitaires, avait-il donc attaché à ces titres aucun droit politique, et le premier corps de l'État, le sénat, jouissait-il même du privilége de l'hérédité? Cette coterie contre-révolutionnaire ne pardonna jamais à Louis XVIII d'avoir octroyé la charte de 1814, parce qu'elle regardait cette charte comme une lésion et un passe droit. Pendant les quinze années de la restauration, ce furent des intrigues et des menées centinuelles pour paralyser les effets de la charte, ou pour la détruire violemment. C'est ainsi que s'organisa, entre la nation et le trône, la lutte qui aboutit à la catastrophe de juillet. Ces privilégiés de l'erreur et de l'aveuglement, ces conseillers funestes de la branche aînée n'ont pas renoncé à leurs coupables chimères. Ce n'est point aux ordonnances de juillet qu'ils attribuent la révolution, c'est toujours à la charte, qui n'a jamais cessé à leurs yeux d'être un principe de mort pour la monarchie. A les entendre, les ordonnances n'ont eu d'autre tort que d'avoir été mal soutenues; elles eussent sauvé le trône, si *tel noble personnage se fût trouvé à Paris en* 1830 (1) Ces rêveurs incorrigibles ont conservé toute

(1) Voir la note C.

la haine des privilégiés de 89 contre les idées constitutionnelles et les hommes qui les représentent. C'est trop peu pour eux d'avoir éloigné du trône de Charles X les serviteurs fidèles qui auraient apporté la lumière dans la route semée de précipices où il avait été conduit, ils poursuivent encore de leurs injures quiconque ose s'écarter de leur triste système. Pour ne citer qu'un exemple fameux, de combien d'amertumes et de dégouts n'ont-ils pas abreuvé la carrière de M. de Chateaubriand ! et, récemment encore, qui ne se souvient du torrent d'imprécations auxquelles s'est vu en butte l'*historien du congrès de Véronne*, comme si le soleil de sa gloire pouvait être obscurci par d'obscurs blasphémateurs. Les efforts de la rage et de l'envie sont impuissans contre une telle renommée ; Cassandre et Homère de la légitimité Chateaubriand restera pour la postérité son champion le plus glorieux, et son nom sera inscrit en caractères ineffaçables dans les fastes de la religion, de la monarchie et de la liberté !

Reposons nos yeux de ce triste tableau et transportons-nous en imagination dans cette Vendée que Napoléon apppelait *un peuple de géans*. Là, règne toujours le même héroïsme, le même désintéressement, la même fidélité ; c'est sur les champs de bataille, c'est l'épée à la main que les soldats vendéens, comme les soldats de l'empire, gagnèrent leurs titres de noblesse. Satisfaits de verser leur sang pour leur Dieu et pour leur roi, les Vendéens rentrent dans la retraite dès qu'ils ne sont plus conviés par le danger. Étrangers à la politique et à la faveur dans les temps de prospérité, ils accourent dans le malheur. Ce n'est pas en vain qu'une illustre princesse a sollicité leur courage, et c'est avec joie qu'ils lui ont sacrifié leur fortune et leur vie sans être même soutenus par l'espérance du succès. Il y avait de quoi enflammer leur enthousiasme de voir une femme, oubliant la faiblesse de son sexe, se mêler à leurs périls et redemander à la chance des combats la couronne dont son fils avait été déshérité dans le berceau. C'était une noble erreur que de confier ses droits à son épée, mais c'était une erreur!

Est-ce donc le succès matériel obtenu dans les rues de Paris, en 1830, qui a renversé la branche aîné des Bourbons? Non, ce fut surtout le renversement d'un ordre d'idées politiques et morales, et c'est aux idées seules à refaire ce qu'elles ont défait. La duchesse de Berry et les paysans vendéens ont droits à nos respects; mais il reste un compte sévère à régler avec les conseillers qui n'ont pas craint, sur la foi de leurs illusious, d'allumer dans une contrée déjà si éprouvée le sinistre flambeau de la guerre civile.

Le mouvement de la Vendée fut blâmé par la plupart

des légitimistes, mais aucune réprobation ne fut si énergique que celle de quelques théoriciens qui, depuis 1830, se sont érigés en Lycurgues, et ont imaginé de fonder une école politique qu'ils ont baptisé du nom d'école française, et qu'ils opposent à l'école anglaise et américaine. L'abbé Eugène de Genoude et le chevallier de Lourdoueix sont les missionnaires de ce nouvel évangile politique, et les colonnes de la *Gazette de France* enregistrent fidèlement leurs prédications ou leurs travaux de chaque jour. Ces publicistes, hommes pourtant d'intelligence et de bonne foi, ne montrent pas moins d'éloignement pour le système parlementaire que les royalistes qui se qualifient du nom de *purs*, et, comme eux, ils s'en prennent à la Charte de 1814 des événemens de 1830. La France apprit, un matin, qu'elle n'avait été si malheureuse depuis cinquante ans que parce qu'elle avait voulu se donner une Constitution faite *à priori*, tandis qu'il en existait une admirable dans les archives de son histoire!.....

M. de Genoude veut nous doter des institutions de la France au quatorzième siècle. Il demande, avec la plus louable persévérance, le rétablissement des provinces, le retour des états provinciaux, une chambre assemblée tous les cinq ans pour le vote de l'impôt, une pairie viagère qui, semblable au sénat de Napoléon, serait le Conseil de la couronne, enfin le changement des dispositions du Code civil, qui règlent l'ordre actuel des successions.

Aux yeux de M. de Genoude, c'est par un renversement de tous les principes que le pouvoir législatif prétend participer aux affaires du gouvernement ; le gouvernement ne doit-il pas appartenir tout entier au roi, et l'administration seule être réservée au pays? Ainsi se rétablit, d'un trait de plume, une monarchie purement administrative, où nul corps politique n'aurait de contrôle, sur les actes ministériels, qu'en ce qui concerne l'impôt.

Le vote universel, s'il faut en croire la *Gazette de France*, réalisera ce chef-d'œuvre. Il pourrait bien arriver, toutefois, d'y rencontrer une déception, ou si l'escamotage politique des divers degrés d'élections n'obtenait pas le succès qu'on espère, de voir détruire fatalement en un jour, l'échafaudage gouvernemental qu'on préconise, avec tant d'assurance, depuis neuf années.

La *Gazette de France*, a eu l'art de corroborer son système par des adhésions nombreuses, dont les plus marquantes, si l'on en pesait bien les termes, dissimulent assez habilement leurs restrictions, pour égarerl e public inattentif (1). Il n'est pas, jusqu'à M. de Villèle

(1) Voir la note D.

lui-même, dont elle invoque si souvent l'autorité, qui n'ait cru devoir à sa réputation d'homme d'État, de ne pas laisser plus long-temps planer des doutes sur le degré d'assentiment qu'il accorde au programme de la *Gazette*. Ceux qui ont réfléchi sur la lettre célèbre que ce ministre de la restauration a écrite, il y a quelques mois, aux rédacteurs de ce journal, ont souri d'étonnement, en voyant l'imperturbable jubilation avec laquelle ils savent accepter les plus sanglantes épigrammes! M. de Villèle est gascon et il l'a souvent prouvé; il commence donc par reconnaître que de toutes les questions à l'ordre du jour la réforme électorale est la plus digne d'occuper les publicistes, mais il ajoute que *dans l'état actuel du pouvoir, cette réforme si désirable, en principe, ne lui semble pas pouvoir s'opérer sans danger anarchique pour la société.*

MM. de Genoude et de Lourdoueix n'ont pas jugé à propos de comprendre, nous ne sachions pas du moins qu'ils aient encore proposé de restituer à la royauté de juillet cette plénitude des anciennes attributions de la monarchie que *M. de Villèle, juge tout-à-fait indispensable* pour arriver, *sans danger anarchique*, *au vote universel proposé par la Gazette de France*.

Les royalistes constitutionnels n'ont de commun, avec

ces différens partis, que le principe de la légitimité. Sous la restauration, cette opinion a été représentée par les Chateaubriand, les Martignac, les Hyde de Neuville, les Royer Collard, les Laféronays, etc., etc. et le journal *des Débats* était son principal organe dans la presse.

L'Histoire impartiale reconnaîtra un jour que ce parti fut le père de la plupart des idées politiques qui ont triomphé en 1830; il voulait toutes les conquêtes de la révolution sans la révolution. C'est lui qui, le premier, désigna la royauté comme la sauvegarde de la liberté; c'est lui qui fit comprendre à la France que la résistance légale ne devait pas être confondue avec la révolte. Ce parti réclama sans cesse la liberté de penser et d'écrire, la liberté religieuse, l'inviolabilité de la Constitution, l'égalité de tous devant la loi. Dévoué de cœur et de conviction à la Charte de 1814, c'est lui qui, le premier, proclama la nécessité de souscrire aux vœux des majorités parlementaires; il n'adhéra pas seulement à la fameuse adresse des 221, il en fut encore le principal instigateur. Lorsque des insensés osèrent proférer de sinistres menaces contre la Charte, il répondit par une association pour le refus de l'impôt, et ne craignit pas de proposer à la France l'exemple de Hampden ! Les ordonnances de juillet furent regardées par lui comme un attentat contre le trône et la nation, et il n'hésita point à penser que la force devait être repoussée par la force; ce parti voulait la Charte comme le général Foy, toute la Charte, et rien que la Charte ! C'est au cri de vive la Charte que la France de juillet combattit pendant les trois journées, et le soldat le plus illustre de la légitimité et de la liberté, l'auteur de la monarchie selon la Charte, Chateaubriand fut porté en triomphe au milieu des rues ensanglantées de Paris par le noble peuple des barricades.

« Jamais défense n'a été plus juste et plus héroïque que » celle du peuple de Paris, il ne s'est pas soulevé contre la » loi, mais pour la loi, s'écria M. de Chateaubriand à la Chambre des Pairs, quand les pouvoirs législatifs furent assemblés ; n'acceptait-il pas ainsi le mouvement de 1830, sans reculer devant aucun des principes auxquels il avait prêté pendant quinze ans le secours tout-puissant de sa plume et de sa parole ? Il s'arrêta toutefois devant la barrière posée par la Charte, et ne put consentir à violer lui-même la loi qui sortait intacte et triomphante des attaques insensées auxquelles elle venait d'être en butte.

» Les esprits les plus éclairés et les plus justes, dit-il, » ne s'élèvent pas toujours au dessus d'un succès. Ils » étaient les premiers, ces esprits, à invoquer le droit con- » tre la violence ; ils appuyaient ce droit de toute la su- » périorité de leurs talens, et au moment même où la vé- » rité de ce qu'ils disaient est démontrée par l'abus le plus

» abominable de la force, et par le renversement de cette » force , les vainqueurs s'emparent de l'arme qu'ils ont » brisée ! Dangereux tronçons qui blesseront leurs mains « sans le savoir.

» Charles X et son fils sont déchus ou ont abdiqué » comme il vous plaira de l'entendre ; mais le trône n'est » pas vacant ; après eux venait un enfant, devait-on con- « damner son innocence ?

» Quel sang crie aujourd'hui contre lui ? Oseriez vous » dire que c'est la faute de son père ? Cet orphelin élevé » aux écoles de la patrie, dans l'amour du gouvernement » constitutionnel et dans les idées de son siècle , aurait » pu devenir un roi en rapport avec les besoins de l'ave- » nir. C'est au gardien de sa tutelle que l'on aurait fait ju- » rer la déclaration que vous allez voter ; arrivé à sa ma- » jorité le jeune monarque aurait renouvellé le serment. » Le roi actuel aurait été monseigneur le duc d'Orléans , » régent du royaume, prince qui a vécu près du peuple, » et qui sait que la monarchie ne peut être aujourd'hui » qu'une monarchie de consentement et de raison.

» Dire que cet enfant, séparé de ses maîtres , n'aura » pas le temps d'oublier jusqu'à leur nom avant de deve- » nir homme ; dire qu'il demeurera infatué de certains » dogmes de naissance après une longue éducation po-

» pulaire, après la terrible leçon qui a précipité deux rois » en deux nuits, est-ce bien raisonnable?

» Je ne vise ni au roman, ni à la chevalerie, ni au » martyr. Je ne crois pas au droit divin de la royauté, » et je crois à la puissanee des révolutions et des faits. Je » n'invoque pas même la Charte ; je prends mes idées » plus haut ; Je les tire de la sphère philosophique, de » l'époque ou ma vie expire. Je propose le duc de Bor- » daux tout simplement comme une nécessité de meil- » leur aloi que celle dont on argumente.

» Je sais qu'en éloignant cet enfant, on veut établir le » principe de la souveraineté du peuple. Il n'y a de » souveraineté absolue nulle part, la liberté ne découle » pas du droit politique comme on le supposait au » 18e siècle ; elle vient du droit naturel, ce qui fait qu'elle » existe sous toutes les formes de gouvernement, et qu'une » monarchie peut être libre et beaucoup plus libre qu'une » république.

» Si j'avais la conviction intime qu'un enfant doit être » délaissé dans les rangs obscurs et heureux de la vie » pour assurer le repos de 33 millions d'hommes, j'au- » rais regardé comme un crime toute parole en contra- » diction avec le besoin des temps ; je n'ai pas cette con- » viction.

» Si j'avais à disposer d'une couronne, je la mettrais » volontiers aux pieds de M. le duc d'Orléans; mais je ne » vois de vacant qu'un tombeau à Saint-Denis, et non » pas un trône. »

Telle fut en 1830 la profession de foi des légitimistes constitutionels. N'est-elle pas bien conforme à ce que M. de Chateaubriand écrivait dans un journal, 11 ans auparavavant, le 13 août 1819.

» Les royalistes sont en France les hommes qui veulent » la liberté avec l'égalité devant la loi, avec l'égale admis- » sion aux places et aux honneurs, avec la faculté d'at- » teindre à tous les rangs; mais ils repoussent le principe » d'égalité absolue qui est un principe de mort pour la » société. L'égalité absolue ne peut rien fonder, parce » que rien ne peut s'élever auprès d'elle pas même la » liberté qui est une supériorité réelle comme la vertu »

Les légitimistes constitutionels déplorent l'atteinte portée en 1830 au principe monarchique par la violation de l'ordre de succession royale, le changement inconsidéré de l'ancienne loi des élections, la mutilation de la chambre des pairs, enfin l'abolition de l'hérédité de la pairie qui était moins un privilége qu'une charge sociale pour certaines familles, et qui lui paraissait une garantie pour la liberté par l'indépendance dont elle entourait cette institution indispensable à la sincérité d'un gouvernement représentatif. La liberté peut-elle donc fleurir dans tout son éclat, si ce n'est à l'aide d'un pouvoir incontesté, et la force que la légitimité tirait de son principe, ne lui rendait-elle pas facile la pratique d'une liberté sans réserve? L'arbitraire n'entraîne-t-il pas au contraire avec lui l'emploi fréquent de la force matérielle, et les factions ne sont-elles pas naturellement encouragées à sortir de la légalité par l'exemple d'une première illégalité? Les grandes fortunes territoriales ou industrielles ne sont-elles pas enfin déshéritées aujourd'hui de toute influence légale au profit de la moyenne propriété? Le peuple qui donne son travail et son sang, les riches qui servent l'état par honneur s'annulent ainsi devant une bourgeoisie à qui sa condition de fortune rend les sacrifices et le désintéressement plus difficiles ; et, depuis que la pairie n'est plus regardée que comme l'annexe de la royauté, l'équilibre des trois pouvoirs constitutionels se trouve fatalement rompu.

Tous les partis ont commis des fautes depuis 1830 ; ils en commettront encore, l'infirmité humaine en est un sûr garant ; mais leurs plus grandes erreurs ont eu pour principe l'intolérance réciproque et la passion aveugle qui les ont animés les uns contre les autres. En prétendant à un triomphe exclusif, ils ne réfléchirent pas que l'isolement et la ruine suivraient bientôt une domination égoïste et absolue. Neût-il pas été plus sage à chacun d'eux de chercher ses affinités naturelles et de former des coalitions dont certaines transactions auraient été la base. Au contraire, l'idée de destruction a seule dominé dans les coalitions électorales et parlementaires, et c'est ainsi qne des grandes opinions ont offert le spectacle le plus affligeant à la morale publique.

N'avons-nous pas été bien insensés, par exemple, nous anciens partisans de la légitimité, nous amis de l'ordre et de la conservation, nous qu'on regarde comme les représentans par excellence des principes d'autorité, de propriété, d'intégrité, de réduire notre action politique à une triste négation, et de ne poursuivre qu'un but de renversement aveugle pour satisfaire des affections respectables sans doute, des principes absolument vrais, mais que nous avions laissé méconnaître par la majorité des honnêtes gens.

Sachons expier nos erreurs passées; un grand nombre d'entre nous subit la peine de fautes qui leur sont étrangères, mais qui pèsent sur notre nom. Soumettons-nous donc à notre sort, et n'agissons pas d'après ces paroles funestes que nous avons frappées les premiers d'une si juste réprobation: *Périssent les colonies plutôt qu'un principe!*

Légitimistes constitutionnels, vous n'êtes pas tous en cause en cet instant! Vous tous qui n'avez point prêté serment au nouvel ordre politique, et qui vous êtes condamnés volontairement à une douloureuse inaction, vous êtes innocens, vous êtes purs de tout reproche; il n'y a de coupables que nous seuls qui avons approuvé le serment pour en faire une arme de destruction.

Est-ce à dire que l'émigration à l'intérieur tant préconisée par les ennemis de nos idées soit un modèle à suivre, et que la vertu politique consiste dans une froide indifférence des vicissitudes diverses qui peuvent frapper une société qu'on renie avec dédain; oh! non, l'indifférence en pareille matière est le plus grand des crimes; les erreurs de la passion peuvent seules s'excuser!....

Nous sommes coupables d'une erreur qui n'est pas sans générosité; nous avons voulu renverser à nos risques et périls ce qui nous semblait mauvais et funeste; si nous nous sommes trompés, c'est avec bonne foi, c'est avec un ardent amour du bien.

Pouvons nous cependant méconnaître notre aveuglement? N'éclate-t-il pas jusqu'à l'évidence? quel résultat avez vous obtenu? qu'a produit l'alliance carlo-républicaine? qu'est-il advenu de la dernière coalition électorale et parlementaire? l'importance de votre alliance a été reconnue par vos plus mortels ennemis! Vous avez décidé de nombreuses majorités! En quoi donc en ont profité vos principes! Quand vous provoqueriez un coup de scrutin menteur qui tuerait le gouvernement, tout serait-il donc gagné pour vous? N'est-ce pas une amère dérision que de vous réunir indistinctement à toute opposition, lorsque votre candidat n'obtient pas l'avantage à la première épreuve du scrutin? qu'est-il arrivé constamment? vous avez donné des voix à la gauche qui vous a mis hors de cause à la suite des élections. N'avez-vous pas une mission plus satisfaisante à remplir que d'être les jouets de telles intrigues? quels sont les royalistes qui briguent les honneurs de la députation? Ce sont, en général, de riches propriétaires fonciers, indépendans par leur fortune et par leur caractère, considérables et considérés dans le pays, dont la valeur est toute personnelle et se passe aisément d'aucun titre, des hommes qui n'ont en vue que l'intérêt public, et qui se soucient peu de telle ou telle existence ministérielle, des hommes, en un mot, presque inaccessibles à la faveur, soit pour eux, soit pour leurs amis, et qui acceptent sans calcul d'intérêt personnel une mission de confiance et d'honneur! Eh bien, si de tels hommes se posaient comme des candidats sérieux et définitifs, n'est-il pas inévitable qu'ils surmonteraient les préjugés qui les repoussent encore, et qu'ils l'emporteraient bientôt sur la plupart de leurs compétiteurs! Cette situation expectante et digne n'est-elle pas préférable à la retraite honteuse et impolitique, à laquelle les candidats royalistes sont condamnés par leur propres amis?

Ne serait-il pas enfin bien plus logique, en certains cas, ou de *s'abstenir complétement, ou de s'unir à la nuance la plus rapprochée de la sienne, ou surtout de s'en tenir fermement à son véritable candidat.*

Les résultats de cette nouvelle politique ne se feraient pas long-temps attendre. Dès que les royalistes constitutionnels cesseront de s'abdiquer, ils se verront forcément soutenus, soit par les juste-milieu qui les préféreront aux hommes de la gauche, soit par les hommes de la gauche qui les préféreront aux juste-milieu. Alors leurs rangs à la Chambre se grossiront, et participant à l'influence parlementaire ils pourront prétendre un jour à une action prépondérante dans la politique. J'entends déjà crier au torysme!.... Je répondrai sans crainte que le torysme, si torysme il y a, vaut bien le jacobinisme, et que, s'il fallait absolument choisir, aucun royaliste constitutionnel ne balancerait.

Prenons pour juges les royalistes que les dernières élections ont amené à la Chambre! Les Berryer, les Béchard, les Valmy, les Chabrol, les Dugabé, les Morangies, etc., ne reculeraient-ils pas à l'idée d'une coalition carlo-républicaine qui favoriserait les criminelles tentatives des sociétés secrètes?

Les royalistes constitutionnels doivent réfléchir à la minorité qu'ils forment dans leur parti; quand ils songeront aux conséquences du troisième exil de la branche aînée des Bourbons, à l'éducation étrangère du duc de Bordeaux, aux préjugés invétérés des hommes qui ont entouré sa jeunesse, à l'influence des idées dominantes dans les pays qu'il est contraint d'habiter, à l'influence des traditions de famille, ils seront effrayés de toutes les incertitudes de l'avenir! A Dieu ne plaise que ces paroles causent aucun préjudice au jeune prince dont les infortunes nous sont sacrées; il se souviendrait, si cet écrit tombait sous ses yeux, des persécutions que nous a suscitées, près de lui, la franche expression de nos sentimens, et il nous saurait gré peut-être, en dépit de la haine, d'avoir eu le courage de notre opinion. Non, s'il n'existe pas d'intelligence capable de briser les barrières que des circonstances fatales ont élevées autour du duc de Bordeaux; s'il ne peut exister aucun esprit assez vigoureux pour s'émanciper de lui-même, malgré tant d'obstacles, il y a des cœurs élevés, et naturellement droits, que rien ne saurait corrompre, et qui ne s'irriteront jamais de la sincérité qui leur semblerait même entachée d'erreur.

Faut-il donc que les légitimistes constitutionnels, parce que leur avenir est incertain, se vengent de leur mauvaise fortune en conspirant à la ruine de la société. Une telle conséquence ne supporte pas l'examen! Sous le régime représentatif, avec le principe de l'omnipotence parlementaire, une grande opinion ne peut pas être réduite à ces tristes extrémités; il lui est toujours permis de conquérir par le talent et la loyauté un avenir digne d'elle. Aujourd'hui c'est la confiance publique qui mène au pouvoir et elle suivra tout homme et tout parti qui se dévouera à la noble tâche de raffermir et de restaurer la société.

Si la loi électorale vous paraît incomplète, expliquez-en franchement les motifs; si la pairie ne vous semble pas entourée d'assez d'indépendance, proposez de modifier ses lois organiques ; l'initiative parlementaire vous le permet. Quel que soit le régime électoral actuel, soyez assurés que, si vos raisons sont bonnes, l'opinion publique les adoptera dans un temps assez rapproché.

Certes l'hérédité de la pairie, repoussée par les préjugés révolutionnaires, ne manquait pas de solides raisons pour se justifier. Qu'on se rappelle les regrets prophétiques de Casimir Périer, et les plaidoyers éloquens des Thiers, des Guizot, des Berryer, sans oublier les pairs généreux que n'arrêta pas la triste conviction de l'inutilité de leurs efforts. Une pairie héréditaire ne conserverait-elle pas le dépôt glorieux des illustrations de la France ! Ce Panthéon des vivans ne perpétuerait-il pas les plus grands souvenirs de la patrie? L'hérédité n'offrirait-elle pas enfin au pays une noble association au plus beau privilége de la royauté? Écoutons madame de Staël examiner cette question au point de vue de la constitution anglaise.

» La dignité de la pairie, dit-elle, diffère autant de la » noblesse par généalogie que la monarchie constitution» nelle de la monarchie fondée sur le droit divin.

» Dans la pairie, le fils aîné hérite des titres et des » droits de son père, et le reste de la famille doit rentrer » dans la classe des citoyens ; ce n'est pas une noblesse » de race mais une magistrature héréditaire, à laquelle » sont attachés des honneurs à cause de l'utilité dont les » pairs sont à la chose publique, et non en conséquence » de l'héritage de la conquête, héritage qui constitue la » noblesse féodale.

» Nulle part, en effet, l'hérédité monarchique est-elle » plus solidement établie qu'en Angleterre, bien que le » peuple Anglais ait rejeté la légitimité fondée sur le droit » divin pour y substituer l'hérédité consacrée par le gou» vernement représentatif.

» Il y a des pairies en Angleterre récemment accor» dées à des négocians de première classe ; une fois pairs, » ils ne restent pas dans le commerce parce qu'ils sont » censés servir autrement la patrie ; mais ce sont leurs » fonctions de magistrat et non des préjugés de caste qui » les éloignent de l'état de négociant, dans lequel les fils

» cadets des plus grands seigneurs entrent sans hésiter
» quand les circonstances les y appellent. La même fa-
» mille tient souvent à des pairs d'une part, et de l'autre
» aux plus simples marchands de telle ou telle ville de
» province; cet ordre politique encourage les facultés de
» chacun, parce qu'il n'y a point de bornes aux avantages
» que la richesse et le talent peuvent valoir, et qu'au-
» cune exclusion n'interdit ni les alliances, ni les emplois,
» ni les titres au dernier citoyen anglais s'il est digne
» d'être le premier.

» En Angleterre, l'ancienneté d'un jour en fait de no-
» mination à la pairie, donne le pas sur un pair nommé
» quelques heures plus tard, et il se peut que le pair le
» plus moderne soit meilleur gentilhomme que celui qui
» le précède.

» La noblesse de France, au contraire, ne pouvait être
» classée que par le généalogiste de la cour. Les décisions
» fondées sur des parchemins étaient sans appel; et,
» tandis que l'aristocratie anglaise est l'espoir de tous,
» puisque tout le monde peut y parvenir, l'aristocratie
» française en était le désespoir; car, on ne pouvait se
» donner par les efforts de toute sa vie ce que le hasard
» ne nous avait pas accordé. *Ce n'est pas l'ordre in-*
» *glorieux de la naissance*, disait un poète anglais à
» Guillaume III, qui vous a élevé au trône, *mais le génie*
» *et la vertu*.

» Il me semble reconnu, par tous les penseurs, que » la considération, dont un élément conservateur entoure » un gouvernement, est au profit de la liberté comme » de l'ordre, en rendant l'action de la force moins né- » cessaire. »

La révolution française diffère, il est vrai, de la révolution d'Angleterre par ce point essentiel, qu'en France, la révolution fut plutôt dirigée contre l'aristocratie de naissance, et contre les priviléges de la noblesse que contre l'autorité royale, tandis qu'en Angleterre, son principal but a été le renversement du despotisme royal. En France, la démocratie a brisé toute barrière entre elle et la royauté; en Angleterre, l'aristocratie s'est subtituée elle-même à la royauté qu'elle a réduite à une fiction. Est-ce à dire qu'une pairie héréditaire soit incompatible avec l'organisation démocratique de la France? Nous n'oserions pas nous prononcer dans cette question, mais nous affirmons sans hésiter, qu'on ne saurait, sans les plus grands dangers, diminuer l'action politique de la Chambre des Pairs, et il nous semble que, par son organisation actuelle, la pairie est condamnée à devenir un jour insuffisante à sa haute mission, et à manquer de l'indépendance nécessaire pour jouir pleinement de l'influence qui lui est accordée, en principe, par la Constitution.

« Il ne peut y avoir, dit le comte d'Alton-Shée, dans

» le principe de l'institution de la Chambre des Pairs, » que deux garanties de l'action libre et forte de son » pouvoir modérateur au sein de l'État.

» La première, serait le rétablissement de l'hérédité, » dont l'institution seule donne le sentiment et la force » de l'indépendance, et à celui qui transmet la pairie, » et à celui à qui elle est transmise comme un droit.

» La seconde, consisterait à combiner, pour la pairie, » une origine qui, en la faisant émaner à la fois et de » l'élection populaire, et du choix royal, la rendrait » également indépendante de ces deux pouvoirs, par » cela même qu'elle serait née de leurs concours. »

Et, qu'on n'objecte pas qu'une Chambre ainsi formée ne serait qu'une doublure de la Chambre des Députés; le maintien des catégories actuelles, où les électeurs seraient obligés de choisir leurs candidats; une élection faite *au chef-lieu* de département, et où seraient convoqués les électeurs des *divers arrondissemens;* enfin, la création d'une liste permanente des candidats désignés au choix royal par les départemens de la France, porteraient-ils une sérieuse atteinte à l'indépendance de la couronne, et n'offriraient-ils pas, au contraire, l'avantage d'associer l'action du pays à l'action de la royauté?

Les catégories imposées par la loi, l'élection populaire, le choix royal n'investiraient-ils pas de la plus imposante force morale le pouvoir qui émanerait d'un concours si auguste? Ne serait-ce pas constituer la véritable aristocratie d'une société démocratique, une aristocratie légitime, rationnelle, réelle, celle qu'on ne peut méconnaître sans arriver au nivellement absolu, et sans justifier les excès révolutionnaires des fanatiques admirateurs des Babœuf et des Billaud-Varennes?

Quiconque repousse la supériorité du talent et frappe d'ostracisme les hommes éminens de l'administration, du commerce, des sciences, des arts, des lettres, de l'industrie, de l'armée; quiconque se révolte contre la juste prééminence qui s'acquiert par les grands services rendus au gouvêrnement ou à la société; quiconque veut déposséder la grande propriété de son influence et lui conteste une représentation légale, méconnaît les premiers principes de tout gouvernement représentatif, et doit, pour être conséquent avec lui-même, rétablir la loi des suspects et faire décréter par une loi agraire un maximum de propriété. L'égalité, devant la loi, n'est si belle que parce qu'elle consacre les inégalités naturelles, et que, respectant religieusement les droits acquis par chacun, elle conduit à cette parfaite organisation de la démocratie, où la justice et la liberté sont unies à la grandeur.

Si le discrédit où est tombé la pairie depuis l'abolition

de l'hérédité s'accroissait encore, si l'on s'habituait à considérer la Chambre des députés comme l'unique dépositaire de la puissance législative, on préparerait pour l'avenir un fatal antagonisme entre la royauté et la chambre élective, qui exposerait aux plus sérieux périls l'ordre ou la liberté. Il arriverait tôt ou tard, ou que la royauté, notre sauve-garde contre le désordre, profiterait habilement de la nécessité sociale dont elle est l'expression, pour nous conduire doucement et par une pente insensible, au despotisme monarchique, ou que la chambre élective, entravant de plus en plus dans sa marche le pouvoir exécutif, avilirait tellement la royauté, qu'elle la réduirait à une complète impuissance qui nous mènerait soit à une affreuse anarchie, soit à l'arbitraire violent et brutal d'une convention.

Qu'on ne s'y trompe pas, si l'aristocratie de l'Angleterre a pu se substituer à la royauté, cette espérance ambitieuse ne saurait être permise impunément aux représentans de la démocratie française! Les races aristocratiques, comme les races royales, peuvent se transmettre de générations en générations les traditions et l'expérience du gouvernement; c'est la même unité, le même esprit de suite, la même indépendance; c'est la perpétuation du même pouvoir: la démocratie, au contraire, se présente mobile et variable comme les événemens; ses passions du moment font taire en elle toute considération du passé, et toute prévision de l'avenir ; se renouvelant sans cesse, plus préoccupée des intérêts privés d'où dépend son existence que des intérêts publics, étrangère souvent aux plus hautes questions politiques, elle ne saurait prétendre à se conduire elle-même ; admirable pour le conseil, elle manque de puissance et même de capacité pour la direction suprême et l'exécution. L'histoire l'atteste ; dans tous les temps, dans tous les lieux, la démocratie a délégué l'exercice de la souveraineté, heureuse si cette nécessité ne l'avait pas réduite presque toujours au joug humiliant de la tyrannie ! C'est par l'invasion de la démocratie que périt l'antique et glorieuse liberté de Rome, et de nos jours, les États-Unis eux-mêmes, le seul grand état purement démocratique qui ait jamais existé, n'ont-ils pas placé leur liberté sous la sauvegarde de deux chambres distinctes et égales en autorité ?

Espérons que la France profitera de l'expérience des siècles et de sa propre expérience ! Éclairée sur les périls de la route où quelques esprits aventureux cherchent à l'entraîner, elle s'attachera aux principes tutélaires de la constitution, et repoussera les systèmes exclusifs ; elle raffermira, elle complétera sa constitution au lieu de la détruire. Fidèle au véritable esprit de l'omnipotence parlementaire, elle entourera du même respect et de la même inviolabilité la royauté, la pairie, la chambre des députés, et maintiendra fermement les prérogatives de chacun des trois pouvoirs. Pourrait-on oublier ce qu'a produit l'avilissement de la royauté après le retour de Varennes? Les violences de l'assemblée législative et de la Convention contre leur roi, ne se sont-elles pas bientôt tournées contre la nation elle-même? La fortune, la liberté, la vie des plus obscurs citoyens ont-elles été plus respectées que la couronne, la liberté, la vie de l'infortuné Louis XVI? Eh bien! le retour des mêmes fautes nous entraînerait inévitablement au retour des mêmes fatalités!.....

La France, après avoir appliqué son intelligence depuis plus d'un siècle à l'examen des théories politiques et sociales, après avoir prodigué pendant cinquante ans son sang, ses richesses et son énergique activité aux expériences politiques les plus diverses, aurait-elle perdu vainement tant d'efforts, et ne serait-elle pas plus avancée qu'au premier jour? Il n'en peut être ainsi; si notre éducation politique est encore imparfaite, nous sommes bien éloignés de notre point de départ; la majorité de la nation sait ce qu'elle veut et ce qu'elle ne veut pas. Ce qu'elle ne veut pas, c'est le rétablissement des distinctions et des priviléges attribués à la généalogie ou même à la propriété territoriale; c'est le règne de la force brutale et le régime du sabre; c'est enfin la domination sanglante de l'anarchie et de la terreur! Ce que veulent unanimement les hommes éclairés, c'est la modération du pouvoir, le respect des opinions et de la propriété, la représentation légale de tous les intérêts, le progrès par la voie de discussion, l'union de l'ordre et de la liberté.

Ceux qui adhèrent à ces principes ne forment véritablement qu'un grand parti, le parti conservateur et social dont les fauteurs de la contre-révolution, de l'anarchie, ou du despotisme militaire sont l'ennemi commun. N'est-ce donc pas un devoir pour tous, quels que soient leur dissentimens particuliers, de se coaliser pour faire tête à l'orage qui menace d'engloutir à la fois nos institutions civiles et politiques?

Que les conservateurs soient fidèles désormais à ces grandes lois d'affinité naturelle, qu'ils déposent entre eux toute aveugle haine, et surtout, qu'à aucun prix, ils ne renouvellent des alliances contre nature avec les partis extrêmes! M. de Lamartine, en entrant dans la carrière politique, semble avoir pris pour guide cette généreuse inspiration; sans se ranger sous la bannière de ses idées, n'est-ce pas une noble tentative d'abnégation qu'il serait beau à tous d'imiter? N'est-il pas certain d'ailleurs que les hommes les plus éminens de nos deux Chambres, s'ils se dégageaient de toute préoccupation d'amour-propre et de rivalité, ne se trouveraient séparés que par des nuances, et qu'au contraire il y a des abîmes entre eux et les partis contre-révolutionnaires ou anarchiques?

Oserons-nous aborder maintenant l'événement des 12 et 13 mai dernier? Nous n'avons pas la force, à la veille d'un jugement solennel, et sous l'impression de cette sanglante catastrophe, de retenir quelques uns des sentimens que nous ont inspirés un affreux spectacle et une terrible attente! A Dieu ne plaise qu'en manifestant notre réprobation contre les auteurs de ce complot monstrueux, nous aggravions la situation des accusés qui sont en cause! Il nous semblerait aussi injuste que cruel de raviver encore, par nos réflexions, les ressentimens douloureux qui déjà crient assez haut vengeance; nous sommes bien loin de cette pensée.

Si nous n'avons pas assez de malédictions contre les principes de désordre et de sang sur lesquels le rapport de M. Mérilhou vient de jeter une si lugubre lumière, quelle que soit notre horreur des assassinats infâmes et de l'horrible guet-apens dont notre brave armée et la garde nationale ont été victimes, nous ne préconiserons jamais la loi du Talion, et nous ne pensons pas que le sang versé doive être nécessairement expié par du sang. Non, le parti social nous semble et trop grand et trop fort pour être réduit à une aussi mesquine vengeance; ce n'est pas lui qui aura jamais besoin de l'auxiliaire de la terreur! Il nous semblerait plus beau de répondre au plus affreux excès de la violence par un redoublement de générosité et de modération, et de surpasser les efforts désespérés du crime par une magnanime clémence? Viens-je donc proposer de désarmer la société, et d'encourager de nouveaux excès par une dangereuse impunité? Non sans doute, ce que je demande, c'est si la société n'a pas de meilleur moyen pour se défendre que d'user de représailles légitimes, et de venger par de sanglantes hécatombes les malheureuses victimes d'une bande de furieux! J'en atteste tous ceux qui ont pris une connaissance attentive des faits révélés par l'instruction, n'ont-ils pas été frappés du mélange de folie et de perversité qui éclate dans ces conceptions atroces, et ne se sont-ils pas laissé surprendre à des sentimens de pitié qu'arrêtait soudainement la revolte de l'horreur.

Certes c'est au sein des passions les plus honteuses et les plus vulgaires que vont se recruter ces hordes de barbares qui nous menacent sans cesse du pillage et de l'extermination; est-il cependant possible de méconnaître que le fanatisme politique n'arme quelquefois ces suppôts de l'enfer? Que pourront donc quelques supplices sur de telles imaginations? Elles les exalteront encore et ennobliront presque de vils forfaits! Gardons-nous de flatter ces misérables de l'espérance du martyre et ne leur dressons pas un piédestal sur l'échafaud! Frappés de la réprobation publique, séparés de la société dont ils ont juré la ruine, que ceux des accusés dont la culpabilité sera établie soient livrés dans les prisons à l'isolement et au remords; croyez que cette perspective effrayera plus ces organisations de feu que la mort ou les tortures! Croyez que c'est le seul danger qui puisse glacer ces abominables courages! L'emprisonnement, la déportation, un régime pénitencier ferme et éclairé, voilà les moyens de répression les plus redoutables et les plus efficaces que vous ayez dans les mains; c'est assez pour votre sûreté;... et, peu importerait même, si votre humanité ne devait ramener aucun de ces cœurs dépravés à des sentimens humains! La société ne peut pas tolérer le crime, mais il lui suffit de le réduire à l'impuissance; elle a pu, elle pourra peut-être encore pardonner aux factions, mais elle ne sera jamais vaincue par leurs ingrates fureurs!

Paris, 19 juin 1839.

NOTE.

Ce serait une grave erreur de croire que, dans la peinture du parti contre-révolutionnaire, nous ayons eu en vue ou mis en cause le ministère du 8 août 1829; rien ne serait plus injuste que de confondre les hommes de cette administration avec le parti qui les avait choisis, malgré eux, pour exécuteurs de ses hautes œuvres.

Les ministres signataires des ordonnances, eurent sans doute le tort de croire qu'il était permis d'user du droit rigoureux, réservé explicitement par l'art. 14 de la Charte, et que contenait en outre implicitement le principe d'une Charte octroyée : ils furent portés à cette extrémité, parce qu'ils ne comprirent point l'existence d'une monarchie privée de l'appui d'un corps aristocratique, et ils cherchèrent, non pas à détruire la Charte, mais à en modifier la pratique, de manière à faire triompher le principe d'aristocratie territoriale, auquel leur semblait attaché le salut de la royauté comme de la société elle-même. Ce n'était pas le règne du despotisme qui fut dans leur pensée, mais le rétablissement d'un système aristocratique repoussé, il est vrai, par nos mœurs et par l'état de notre civilisation, mais compatible, toutefois, avec certaines institutions de liberté; tandis qu'il y avait derrière eux un parti contre-révolutionnaire qui repoussait absolument, et sans distinction, toute institution de liberté. L'extrait suivant d'une lettre du prince de Polignac, que nous avons sous les yeux, est propre à jeter un grand jour sur cette question, et à dissiper une partie des préventions injustes ou exagerées qui pèsent sur sa mémoire.

« *Pendant quinze ans, dit-il, sous la restauration, des personnes sages et prévoyantes ne cessaient de me dire que la Charte ameneraït tôt ou tard la chute du trône; qu'elle ne représentait qu'un pacte fait entre la légitimité et la révolution, dont la première devait nécessairement être victime. J'ai refusé de croire à ces prévisions de mauvais augure, et, j'ajouterai que je puis oser dire avoir voulu cette Charte jusqu'au dernier moment, avec toute la franchise et la persévérance de mon caractère.* »

Qu'on médite les ordonnances de juillet, en prenant ces paroles pour commentaire de leur texte, et l'on se pénétrera à la fois et de la sincérité de l'assertion du prince de Polignac, et du véritable esprit de ces ordonnances.

IMPRIMERIE DE COSSON, RUE SAINT-GERMAIN-DES-PRÉS, 9.

NOTES ET CORRESPONDANCES.

POLÉMIQUE.

Note A.

Le 1er septembre dernier, l'*Univers* publia l'article et la lettre suivante (1) qui furent l'origine de sa longue discussion avec la *Gazette de France*.

Univers.

1er septembre.

Nos lecteurs n'ont pas oublié l'importante brochure sur l'*état des partis en France*, que nous avons signalée à leur attention.

Cette publication a été le sujet d'une vive polémique qui a prouvé que l'auteur, M. le baron Gustave de Romand, avait touché la véritable plaie de notre société. Cette plaie, c'est la fausse et coupable direction donnée, depuis neuf ans, aux hommes qui, par leur influence, par leurs lumières et par leurs intérêts, étaient appelés à défendre l'ordre social et à travailler à sa restauration. Parmi ces hommes, existaient les principaux élémens d'un parti conservateur puissant; et plusieurs des chefs et des organes de ce parti, loin de défendre, de restaurer et de conserver, se sont évertués à attaquer, à miner, à détruire, à féconder le désordre, l'anarchie, la révolte.

Catholiques, ils se sont associés avec les ennemis acharnés de

(1) Ma lettre parut d'abord dans le *Journal général* du 31 juillet.

notre religion; monarchistes, ils ont donné la main à ceux qui font l'apothéose de la Convention et des meurtriers de Louis XVI, à ceux qui ne travaillent qu'à extirper le principe monarchique de toutes les institutions de l'Europe.

Conservateurs et propriétaires, ils ont fraternisé avec la démagogie la plus anarchique; et aujourd'hui encore, ils colportent, avec les républicains, des pétitions dans lesquelles ceux-ci ne demandent le suffrage universel que pour anéantir toutes les institutions au nom desquelles ce parti prétendu légitimiste réclame aussi ce même suffrage universel par ces mêmes pétitions!

Que dirons-nous de cette joie mal déguisée avec laquelle certains organes de ce parti ont accueilli d'effroyables attentats qui ne menaçaient pas seulement un trône, mais la société tout entière?

Que dirons-nous encore de ce dénigrement systématique de tout acte du pouvoir qui peut servir la cause de la religion, la gloire extérieure de notre pays, dénigrement poussé jusqu'au ridicule et au mauvais goût?

Croit-on que, parmi les légitimistes, des hommes éclairés, sincèrement amis de leur religion et de leur patrie, n'aient pas été souvent indignés et humiliés de la direction aussi stérile que coupable donnée au parti dont quelques uns d'eux étaient les plus éminens représentans?

La polémique soutenue dans l'*Univers*, au sujet de la lettre de M. Roux, a constaté qu'il y avait dans le parti légitimiste un grand nombre d'hommes qui, sans abdiquer leurs principes, en étaient venus à comprendre que la ligne suivie, depuis neuf ans, n'avait servi qu'à compromettre et la légitimité et l'ordre social.

Ces voix n'étaient pas isolées. Elles ont été l'écho de nombreuses sympathies, elles en ont éveillé d'autres. Nous avons entendu aussi plusieurs des plus illustres représentans du parti légitimiste, de ceux qui ont donné à la restauration les gages les plus éclatans de leur dévoûment et de leur fidélité, nous les avons entendus flétrir énergiquement la conduite politique conseillée, prêchée et pratiquée par certains organes de leur parti.

Mais voici ce qui est arrivé.

Parmi ces hommes, il en est qui sont fatigués des luttes politiques, et qui, se tenant isolés, abandonnent la direction de leur parti aux mains d'individus moins intelligens, moins honnêtes, moins dévoués. Ce qui n'empêche pas que, dans les salons, dans les conversations intimes, ces individus sont désavoués par leurs véritables chefs.

Une autre cause de faiblesse, c'est la peur de la publicité de ceux qui ont le monopole de cette publicité. Cette peur est une lâcheté commune aujourd'hui au gouvernement et à tous les chefs de parti; on fait de l'opposition contre tout le monde, excepté contre ce journalisme qu'on affecte tant de mépriser.

Les hommes éminens dont nous venons de parler n'oseraient pas publier contre les journaux de leur parti tout ce qu'ils disent dans leurs salons contre ces mêmes feuilles.

Celles-ci possèdent le secret de cette influence, aussi l'exploitent-elles au profit de leur monopole. L'hiver dernier, M. Berryer a voulu échapper à cette tutelle si compromettante pour sa cause; il a voulu fonder un journal qui devînt l'organe d'une opinion légitimiste autre que celle qui s'est réduite à tant d'impuissance; oh! il faut avoir vu comme les feuilles, qui avaient le monopole d'exploiter le nom et la gloire de M. Berryer, se sont émues! On a commencé par la conspiration du silence, puis sont venus les démentis, puis les séductions de l'éloge, puis les menaces et les attaques, enfin on a publié que M. Berryer était un apostat, qu'il *avait passé à l'ennemi.* M. Berryer a cédé, mais nous pouvons assurer qu'en persistant dans l'attitude noblement indépendante qu'il voulait prendre, il eût mieux servi encore sa cause que par les triomphes oratoires de la tribune parlementaire.

Ce qu'il faut au véritable parti conservateur, pour reprendre la position qu'un faux et maladroit légitimiste lui a fait perdre, c'est du courage, le courage de tous les catholiques sincères, de tous les amis désintéressés de la grandeur, de la moralité et de la liberté de notre patrie.

Ce courage, si rare dans notre époque, est le principal éloge mérité par l'auteur de l'*État des partis en France.* Pour dire la vérité, pour publier ce qui est la pensée des représentans les plus recommendables du parti légitimiste, M. le baron Gustave de Romand n'a pas craint de braver les rancunes et les colères de plusieurs des organes de son parti.

Ces feuilles, suivant leur habitude, ont loyalement essayé d'étouffer sous le silence le manifeste de M. Gustave de Romand. La vérité a été plus forte que le monopole, elle a brisé les vaines entraves qu'on opposait à sa publicité. Condamnées à parler de la brochure de M. de Romand, quelques feuilles légitimistes n'ont rien trouvé de mieux que d'accuser les intentions de l'auteur, de le calomnier, de lui jeter les charitables épithètes d'*hypocrite*, de *renégat*, d'*apostat.*

M. Gustave de Romand s'est médiocrement ému de toutes ces injures de mauvais ton. Au lieu de s'en montrer blessé, il s'est mis à écrire avec calme et dignité, une lettre dans laquelle il s'est attaché à résumer et à préciser les questions développées dans sa brochure; à prouver que, sans abdiquer sa croyance au principe de la légitimité, il a pu et dû signaler les fautes commises par le parti légitimiste, et indiquer la position que ce parti est appelé à prendre pour sauver le pouvoir et la société.

M. Gustave de Romand a bien voulu nous adresser cette lettre, écrite en réponse à deux articles du *Journal des Débats.*

Monsieur le rédacteur,

La bienveillance avec laquelle vous avez rendu compte de mon écrit sur l'*État des partis en France*, m'a suscité de nombreux et d'amers ressentimens.

J'ose donc espérer que vous ne refuserez pas de m'ouvrir les colonnes de votre journal, pour repousser des attaques injustes, et pour m'expliquer sur quelques questions que certains journaux feignent de n'avoir pas comprises.

Ici j'éprouve le besoin d'adresser publiquement l'hommage de ma gratitude à la presse constitutionnelle; jamais plus de courtoisie ne fut déployée envers un adversaire, et jamais discussion de principes ne fut accompagnée de plus de modération et d'urbanité.

Il n'en est malheureusement pas ainsi de la presse légitimiste, qui m'a poursuivi de ses injures. Je dois excepter toutefois la *Gazette de France*, dont j'avais attaqué particulièrement le système, et la *France* qui, me regardant comme un fou, me promet que mes erreurs ne me mèneront pas plus loin qu'en purgatoire.

Vous remarquerez déjà, monsieur, que dans ces appréciations la presse légitimiste ne montre pas l'unité dont elle se vante, et qu'elle proclame exister dans le parti légitimiste tout entier.

Dans l'*Etat des partis*, je crois avoir prouvé que cette unité se rencontre moins dans le parti royaliste que partout ailleurs, et c'est ainsi que j'ai expliqué les préventious auxquelles le titre de légitimiste a été long-temps en butte dans le pays.

Les diverses nuances de l'opinion royaliste sont représentées dans la presse; les légitimistes constitutionnels seuls n'ont pas d'organe; le *Journal des Débats* vient de prouver toutefois qu'il garde une sympathie fidèle à ses anciens amis politiques *.

J'entends déjà crier au blasphème et au mensonge; mais il m'est aisé de prouver ce que j'avance. Aucun homme politique n'a eu le temps d'oublier les pénibles efforts de M. Berryer pour fonder un journal. Telle fut pourtant la puissance du monopole des journaux établis que les sacrifices de M. Berryer et de M. le marquis de Larochejaquelin ont échoué dans cette entreprise si nécessaire à la considération d'un parti respectable.

Les éloges du *Journal des Débats* ont soulevé contre moi la presse légitimiste; on me traitait d'abord de fou et de tory; bientôt je devins un renégat, un déserteur, un hypocrite!

Qu'avais-je fait cependant? rien autre chose que de dire qu'il était d'une mauvaise politique aux royalistes de renoncer à l'exercice de leurs droits constitutionnels, ou de n'en user que pour faire cause commune, dans un but de renversement aveugle, avec les hommes les plus opposés à leurs idées.

En s'abstenant d'aller aux élections, les légitimistes ne ressemblent-ils pas à des gens qui, voyant un incendie, resteraient les bras croisés à voir les ravages du feu; et ceux qui votent avec les républicains de toute nuance, n'attisent-ils pas le feu au lieu de l'éteindre?

Un grand nombre de royalistes pensent que le gouvernement actuel périra par la guerre, d'autres disent par les finances, d'autres enfin par la lassitude des embarras continuels auxquels il semble condamné par le principe même de son élévation! Attendez donc quelqu'un de ces accidens que vous regardez comme inévitables; attendez qu'une chambre fatiguée de ces menaces

* Voir le *Journal des Débats* des 31 juillet et 10 août derniers.

permanentes de désordre se résolve à couper le mal dans sa racine en rappelant la légitimité ; attendez une crise financière, attendez une défaite, attendez une révolution parlementaire !...

Jusque-là, travaillez à la restauration et à la conquête du pouvoir, au lieu de travailler à sa dissolution et à son renversement !...

Croyez-vous que si le gouvernement actuel était débordé par la gauche, vous seriez plus rapprochés du triomphe de la légitimité !

Ne voyez-vous pas, au contraire, que vous en seriez plus éloignés que jamais, et que vous la relèveriez plus aisément peut-être en procédant par les voies parlementaires à l'égard de la révolution, comme fit Napoléon par les seuls efforts de son génie et de sa volonté ; de telle sorte que le rétablissement de la légitimité, si la Providence le permet un jour, soit le couronnement de votre œuvre de restauration sociale. En agissant ainsi, vous aurez attesté votre loyauté, vos lumières, votre amour du bien public, votre abnégation. Soyez assurés que les partis dont un égoïsme étroit est le seul mobile, s'emparent quelquefois du pouvoir par surprise, mais qu'ils ne sauraient s'y maintenir, parce qu'ils n'en sont pas dignes !....

Est-ce donc là une profession de torysme? Y a-t-il même en France des élémens de torysme? — Quant à moi, ils m'échappent. Si l'on a pensé que je conviais nos grands noms aristocratiques à se grouper autour de la royauté nouvelle, on est tombé dans une grave erreur ; je confesserai même que cet empressement ne me paraîtrait profitable ni au pouvoir, ni à la société, ni aux familles aristocratiques elles-mêmes. Il n'y a point de place dans notre ordre politique pour l'état de courtisan, et la cour fut autrefois le tombeau de l'aristocrotie française.

Je ne vois en France qu'une tumultueuse démocratie, sans hiérarchie ni règle, et qui se tourmente dans une douloureuse et déplorable confusion. Le premier soin des hommes politiques n'est-il donc pas d'instruire et de moraliser cette démocratie, de la discipliner enfin de telle sorte qu'elle parvienne, sans secousse et sans déchirement, à une complète émancipation. Sans doute, ce chaos social est un mal, et je suis loin de regarder comme un progrès cette égalité absolue qui semble ne permettre d'autre grandeur que celle de la dictature et du despotisme. « L'égalité absolue est un principe de mort, a dit M. de Châteaubriand; elle ne peut rien fonder, parce que rien ne peut s'élever auprès d'elle, pas même la liberté, qui est une supériorité réelle, comme la vertu. » Ce serait un rêve vraiment insensé que de songer, depuis 1830, à créer un torysme français avec les débris impuissans de notre vieille aristocratie; mais il y a un patriotisme éclairé à s'efforcer de réunir les hommes d'ordre, d'intelligence, de propriété, pour en former un parti conservateur de la monarchie représentative, de l'ordre, de la civilisation, et pour repousser également le despotisme et l'anarchie.

Tiens-je enfin le langage d'un rénégat et d'un déserteur? Serait-ce la légitimité que je déserte et que je renie? Non; je n'ai pas cessé de croire à l'excellence de ce principe, et mes convictions prennent leur source dans les événemens de notre histoire et dans l'état actuel de la France. Au sortir de nos longs bouleversemens, la légitimité était le seul pouvoir incontesté, et cette force supérieure qu'elle puisait en elle-même lui permettait d'exercer une tutelle glorieuse sur la société nouvelle qu'avait créée 1789. La légitimité semblait seule douée d'assez de force pour nous initier à la liberté dont elle n'avait rien à redouter, si, contente de diriger le mouvement social, elle n'eût point prétendu l'arrêter ou le façonner arbitrairement au gré de ses caprices les plus opposés. Après le renversement de la légitimité, nous sommes restés sans boussole, marchant au hasard, selon le génie ou la prudence des hommes appelés à nous gouverner. Une révolte appelle d'ailleurs toutes les révoltes, et il arrive qu'à la suite d'un tel événement, il n'existe plus pendant un temps indéfini aucune autorité bien reconnue.

D'un autre côté, quelle énergie ne tire point la nationalité d'un peuple de la reconnaissance d'une légitimité! Lorsque l'Anglais régnait dans Paris, et que Charles VII avait vu réduire à quelques provinces le bel héritage de ses ancêtres, le roi de Bourges n'était-il pas toujours pour les Français le roi de France? François Ier prisonnier à Pavie, et retenu captif à Madrid, voit-il son gouvernement ébranlé? N'est-ce pas enfin le principe de la légitimité qui place le prince de Talleyrand au congrès de Vienne, sur le pied d'une complète égalité avec les représentans des rois victorieux de l'Europe, tandis qu'une fois vaincu, le grand Napoléon est détrôné, malgré sa gloire, son génie, et les bienfaits impérissables dont il avait doté la France.

Ce sont ces souvenirs qui m'ont attaché au dogme de la légitimité; mais, quelle que soi ma foi aux bienfaits dont nous sommes redevables *dans le passé*, à ce principe, *je ne vais pas jusqu'à penser qu'il ait la puissance d'absorber tous les faits sociaux et de détruire violemment leur nature et leur caractère.* Après 1830, les légitimistes constitutionnels pouvaient encore espérer ressaisir la direction suprême de la société; tout, en dehors d'eux, était lutte et confusion; ils ont échoué, parce qu'ils ont trouvé dans le parti contre-révolutionnaire des ennemis implacables, qui ont préféré et préféreront toujours la ruine de leur cause à l'abandon de leurs fatales chimères et de leur coupable ambition. Ce parti est le véritable obstacle à la royauté du duc de Bordeaux; c'est lui qui l'a précipité des marches du trône et qui lui fermera l'entrée de la France. Henri V, roi du passé, représentant du passé, pouvait être le représentant et le roi de l'avenir, et demeurer au sein de notre société comme une vivante transformation des âges; ses bons amis ne l'ont pas voulu.... Aujourd'hui, le duc de Bordeaux est plus fort de sa personne que tout son parti ensemble, car enfin, il représente un principe qui se prête à tous les progrès sociaux, tandis que la politique légitimiste, suivie depuis neuf ans, et les influences qui ont régné autour de l'infortuné fils du duc de Berry, ont été telles, que ce prince ne saurait aujourd'hui rien attendre d'utile de ses partisans les plus dévoués.

Ces vérités offriront sans doute un nouveau thême aux déclamations, mais elles n'en sont pas moins l'expression de la pensée d'un grand nombre de légitimistes, qui s'avouent avec douleur que la légitimité, *au lieu d'être un but à poursuivre*, *comme en* 1830, *n'est plus actuellement qu'une réserve providentielle pour l'avenir.* Non, les légitimistes éclairés ne vivent point dans l'attente d'un nouveau Culloden ; ils savent qu'une pareille entreprise n'offrirait aucune chance de succès, et ils flétriraient de la plus énergique réprobation quiconque oserait tenter l'inexpérience du duc de Bordeaux par ces perfides conseils. Ce jeune prince ne peut pas être ramené en France *sans conditions*, ni par la guerre civile, ni par la guerre étrangère ; mais seulement par le vœu général, fruit d'une habile direction imprimée à l'esprit public, au milieu de grandes commotions.

Faut-il maintenant, pour être reputé fidèle à ses principes, fermer les yeux à l'évidence et se prêter avec obéissance passive à une direction politique qu'on croit mauvaise ; oh ! alors je passe condamnation sur toutes les injures dont j'ai été l'objet ! Faut-il, pour être un bon légitimiste, poursuivre indistinctement de sa haine et de ses invectives les hommes et les choses de 1830 ? A ce compte, je ne suis pas légitimiste, car je pense que plusieurs des hommes d'état de cette époque ont bien mérité de la France, et que nous sommes redevables au nouveau régime de plus d'un bienfait signalé. Un journal a prétendu que j'avais célébré du ton de MM. Fulchiron et Vatout l'éloge du prince qui nous gouverne; les écrivains qui ne ménagent point leurs sarcasmes à ce prince et à sa famille, oublient sans doute *que Charles X ne souffrit jamais*, dans son exil, *qu'on prononçât devant lui une parole offensante sur aucun des membres de la branche d'Orléans*; et, pour moi, si je regrette toujours que l'ordre de succession royale ait été troublé en 1830, je félicite mon pays d'avoir sauvé le principe monarchique, et d'avoir maintenu la couronne de France dans cette illustre maison de Bourbon qui se lie à tous les grands souvenirs de la patrie.

Ces idées de modération ont été accueillies avec le plus noble empressement par le *Jouxnal des Débats*, qui a convié, sans hésiter, les royalistes constitutionnels à entrer en partage de l'influence parlementaire et de l'administration; mais la presse légitimiste est tombée, à cette occasion, dans une double et bien choquante contradiction.

C'est au moment où le *Journal des Débats* tendait la main à ses anciens amis politiques, qu'elle se prend à dire que le nom de légitimiste est toujours un titre de réprobation, et qu'elle justifie en même temps les royalistes de s'être ralliés à l'Empire.

Ai-je donc conseillé aux légitimistes de mettre aux pieds du gouvernement de Juillet leur personne et leurs principes, comme cela s'est passé sous l'Empire ?

Leur ai-je dit encore d'aller encombrer les salons des Tuileries et des ministres, et de solliciter humblement des places ? non ; je les ai invités à aller aux élections, à y soutenir énergiquement leurs candidats, à conquérir le pouvoir en formant des alliances naturelles avec les hommes d'ordre et de modération, enfin, à déployer des efforts constans pour faire triompher les principes du gouvernement par les voies parlementaires!...

J'ai dit aux royalistes que l'opposition stérile et systématique à laquelle ils se livraient depuis neuf ans avait fait son temps, qu'il était puéril de voter tantôt à droite, tantôt à gauche, suivant les circonstances; qu'ils ne devaient pas se borner davantage à un rôle de négation, et que le moment était venu pour eux de développer les idées qui leur sont propres, et d'entrer dans une politique positive et pratique.

En quoi souffriraient donc la dignité de leur caractère et l'indépendance de leurs opinions à regagner l'influence qu'ils ont perdue? Ne serait-ce pas au contraire un devoir pour tous les hommes de cœur et d'intelligence de s'associer à cette grande œuvre de réhabilitation! Oserait-on prétendre que telle ou telle dénomination de parti efface le titre de Français? toutes les capacités ne doivent-elles pas, au contraire, se mettre au service de leur pays *dans l'ordre de leurs principes*? Ne sollicitez pas de faveurs, rien de plus naturel, mais si votre pays a besoin de vos services et les réclame, pouvez-vous les lui refuser?

Les anciennes distinctions de parti perdent de plus en plus leur sens et leur valeur; un grand travail de décomposition s'opère chaque jour, depuis quelques années; et l'on doit espérer que les hommes éclairés de toutes les opinions finiront par former ensemble un parti nouveau, *un parti français*, qui laissera de côté les théories oiseuses, pour ne songer qu'aux intérêts nationaux.

Que reste-t-il de l'ancienne droite, de la gauche, du centre; partout c'est une égale division; un même sentiment d'indépendance a porté la plupart des hommes honorables de ces grandes fractions de la chambre, à cesser de s'inféoder à tel ou tel système, pour n'écouter que les inspirations de leur conscience et de leur raison. N'est-ce point un symptôme qui doit avertir nos chefs parlementaires de se rapprocher eux-mêmes, comme l'ont fait beaucoup de députés, restés long-temps sous des bannières opposées. Ce sera un beau jour pour la France que celui où s'opérera ce mouvement, et où l'on verra s'organiser au sein de nos deux chambres une grande coalition gouvernementale, pour imprimer une forte impulsion au pouvoir. Ce jour, nous l'appelons de tous nos vœux, et l'homme d'état qui attachera son nom *à cette heureuse transformation des partis politiques* se couvrira d'une gloire que le temps ni la malignité de l'envie ne sauraient atteindre.

On m'a reproché d'avoir attaqué tous les partis, et il eût été juste d'ajouter que, fidèle historien, j'ai mis en lumière le bon comme le mauvais côté de chacun. On a beau railler le soi-disant parti social, c'est dans la formation d'un parti vraiment social que repose l'avenir de la société; on a beau m'accuser de partialité envers les légitimistes, c'est parmi eux que le parti conservateur doit chercher les forces qui lui manquent pour établir sur des bases solides le gouvernement représentatif. Au reste, les suffrages de plus d'une haute notabilité politique et la faveur de la presse constitutionnelle me consolent amplement des reproches d'apostasie qui m'ont été adressés par une partie des journaux légitimistes, et je ne m'expliquerais pas pourquoi j'aurais craint de manifester hautement en France mes sentimens constitutionnels, quand je n'ai pas hésité à tenir le même langage auprès des princes exilés.

Agréez, etc. Baron GUSTAVE DE ROMAND.

Nous extrayons le passage suivant d'une communication importante adressée quelques jours après au même journal.

Univers.

8 septembre.

« On nous adresse les considérations suivantes, qui prouvent combien la politique dont nous sommes l'organe rencontre de sympathies et d'adhésion. Que nos lecteurs rapprochent de ces observations les lettres de M. le baron Gustave de Romand, de M. le chevalier de Vidagien, de MM. Fleury, toute la polémique à laquelle a donné lieu la lettre de M. Roux-Lavergne, et l'on s'assurera de la communauté d'idées et de sentimens qui rallie de plus en plus tous les hommes qui veulent, avant tout, la restauration religieuse et sociale de la France :

» M. de Romand a bien raison : rien de plus déplorablement choisi que la voie politique où l'on a fait marcher les légitimistes, et les légitimistes sont d'autant plus inexcusables de l'avoir suivie que, dès 1830, les avis ne leur ont pas manqué leur prophétisant où cette fatale direction devait les conduire.

» Dès 1830, des hommes se sont rencontrés qui, au lieu d'encourager l'esprit judaïsant et les préoccupations sentimentales des légitimistes, ont eu le courage de parler aux parties supérieures de leur intelligence et de leur âme. La branche aînée avait obéi à la force des choses ; elle s'était voilée de l'inviolabilité de l'exil, où elle attend encore les dernières décisions de la Providence. Les légitimistes ne devaient-ils pas imiter cette haute résignation ? Ce devoir était d'autant plus impérieux pour eux, que la France, en pleine révolution, ne pouvait pas, elle, se réfugier en terre étrangère pour y attendre des jours meilleurs. Il était devenu évident pour quiconque, même parmi les légitimistes, n'avait pas résolu de fermer les yeux à la lumière, que ce que nos pères avaient nommé légitimité, confondant dans ce mot et le pouvoir qui représente la société et la société qui donne au pouvoir sa valeur et sa force, que la légitimité, disons-nous, venait de se diviser en deux parts, l'une, c'est-à-dire le pouvoir, condamnée, momentanément du moins, à la plus complète impuissance; l'autre, la société, plus tourmentée que jamais d'une transformation inévitable. De ce fait résultait une distinction sur laquelle fut appelée l'attention des légitimistes. Restez fidèles au malheur, leur dit-on, continuez de croire que les véritables représentans du pouvoir, en France, ne sont pas ceux qui la gouvernent aujourd'hui; mais, d'un autre côté, souvenez-vous que les destinées d'une société ne sont pas fatalement liées à celles de ses gouvernans; que, lorsque les pouvoirs, par l'effet d'une nécessité quelconque, disparaissent pour un temps ou pour toujours d'une société qu'ils avaient représentée jusqu'alors, cette société n'en subsiste pas moins, imposant aux membres qui la composent les mêmes devoirs, et leur donnant les même droits.

» Tout l'avenir des légitimistes, comme puissance politique, était dans l'intelligence de cette distinction. Hommes de pouvoir et hommes sociaux à la fois, il s'agissait pour eux de bien comprendre si c'était au pouvoir ou à la société que leur concours était plus immédiatement nécessaire, afin que tranquillité fût acquise à celle-ci, force à celui-là, et à eux-mêmes l'ascendant qui appartient nécessairement à toute hiérarche intelligente et morale, à côté d'un pouvoir établi, et dans une société bien réglée. Puisque les légitimistes croyaient avoir un devoir à remplir vis-à-vis d'un pouvoir absent, un autre vis-à-vis de la société dont les convulsions continuelles n'attestaient que trop la présence, n'était-il pas, en effet, souverainement important et décisif pour eux de prononcer auquel de ces deux devoirs ils devaient subordonner l'autre? Si, comme on le leur conseillait, ils avaient décidé que le plus pressé était de secourir la société, dès le premier jour de la révolution, on les aurait trouvés partont à leur poste social, dans les élections, dans les tribunaux, dans les administrations, dans l'enseignement, dans la presse, à la chambre. *Ainsi organisés, après dix ans de fortes luttes politiques et morales, qu'elle ne serait pas aujourd'hui leur puissance, quelle ne serait pas l'efficacité de leur secours, qu'ils eussent à défendre la société contre les envahissemens du pouvoir nouveau, ou contre les irruptions de l'anarchie?*

» Au lieu de s'abandonner aux mouvemens de cette inspiration vraiment nationale, que firent les légitimistes? Ils renoncèrent à tous les droits, à tous leurs devoirs sociaux, sous prétexte que remplir même le moindre de ces devoirs, exercer le moins important de ces devoirs, c'était s'inféoder au pouvoir nouveau, s'affranchir par conséquent de la fidélité qu'on devait au pouvoir ancien. Ainsi envisagée, la question du serment trouva des susceptibilités invincibles dans la conscience de la plupart des légitimistes. Et il faut avouer qu'à ce point de vue elles étaient, moralement parlant, infiniment honorables. Aussi furent-elles facilement exploitées par quelques hommes de l'opinion légitimiste dont l'ambition personnelle était intéressée à transformer une question, par tous ses côtés éminemment sociale, en question purement politique. »

Puis l'auteur, après quelques réflexions sur la doctrine de la légitimité, ajoute :

« Si cette doctrine a la puissance qu'elle s'attribue, elle doit d'abord se suffire à elle-même, et triompher par la discussion sans le secours de la force matérielle ; en second lieu, elle doit obliger ses adhérens à subordonner les questions de gouvernement aux questions, sociales, surtout lorsque les gouvernans ont disparu dans une tempête civile, et que la société a plus que jamais besoin de défenseurs, abandonnée qu'elle est par le pouvoir auquel avait été confiée jusqu'alors sa direction.

» En ne comprenant pas ainsi leur doctrine, les légitimistes se sont attiré le reproche d'immoralité, qu'ils redoutaient plus que tout autre et qu'ils espéraient éviter en déclinant la prestation du serment. »

L'auteur termine ainsi son article :

« Si tout ce qui précède est incontestable, si, après avoir été sourds aux conseils de leurs véritables amis, les légitimistes veulent se montrer moins rebelles à l'éloquence des événemens, qu'ils sortent, il en est temps, des voies tortueuses où ils ont été fourvoyés par l'esprit de faction, pour marcher le front haut dans le large sentier de la sociabilité chrétienne, et ils verront, à l'irrésistible relief de leurs premières œuvres, que d'eux seuls dépendait depuis long-temps de donner à leurs orateurs une parole féconde, de conquérir pour eux-mêmes une immense force sociale. Cela fait, les légitimistes pourront attendre l'avenir sans remords comme sans crainte ; sans crainte pour eux-mêmes; car, eux constitués en force sociale, la France aurait toutes les chances aujourd'hui possibles de repos et de sécurité ; sans remords vis-à-vis du pouvoir qui a emporté leurs affections comme vis-à-vis de la société : car, en se faisant la milice choisie de la société, ils seraient en mesure de l'offrir libre, heureuse et réglée à ce pouvoir tant regretté contre lequel la Providence n'a peut-être pas prononcé la sentence d'un éternel exil. » J.-F.

Le *Journal des Débats*, la *Quotidienne*, la *France*, la *Mode*, le *Siècle*, intervinrent dans la querelle de l'*Univers* avec la *Gazette* ; nous donnons ici un article remarquable qui parut alors dans le *Journal Général*.

Journal général de France.

20 septembre.

Depuis quelques jours nous assistons à une polémique d'autant plus instructive qu'elle est morale : c'est la vérité aux prises avec l'erreur.

Dans les rangs de la presse parisienne, il s'est rencontré un journal qui a pensé que, pour attaquer la *Gazette de France*, centre d'erreurs et de préjugés, il fallait la saisir corps à corps, s'armer de courage et d'énergie, combattre, mais sans passion, et pour cela ce journal a pensé qu'il n'y avait qu'un moyen, qu'une arme puissante : la raison, mais la raison avec toute sa force et son audace, inexorable dans son analyse, terrible dans son érudition, punissant et confondant l'erreur en lui jetant sur la face la lumière et la clarté. Ce journal, c'est l'*Univers*, journal catholique, éminemment catholique, le seul journal religieux quotidien qui se publie en Europe. Vivant en dehors de tous les partis, dégagé de tout intérêt temporel, l'*Univers* s'est placé, dans notre époque révolutionnaire, dans la même situation où se trouvaient, vis-à-vis de l'empire romain, les pères de l'Église. Comme les premiers législateurs de la société chrétienne, l'*Univers*, prêchant à tous l'obéissance aux lois du pays, ne se mêle au mouvement des idées que pour remplir un but, la défense et la conservation des intérêts spirituels.

Ce n'est pas dans l'arène religieuse que la lutte s'est engagée, mais sur le terrain de la politique sociale ; c'est à propos d'une lettre remarquable de M. le baron Gustave de Romand, publiée par le *Journal général* le 31 août dernier, et reproduite par l'*Univers*.

Condamnée à se taire devant la pratique de la religion et de la légalité, la *Gazette de France*, surprise dans ses retranchemens, nous a donné, dans cette polémique, la mesure de toute sa science de détours et de subtilités, infligeant chaque jour au bon sens et à la vérité d'insolens démentis. Quel ton de prophète et de croyant ! quelle procédure mystique ! Et tout cela pour soutenir d'effrayans sophismes, se faire l'apologiste des doctrines les plus anti-sociales, prêcher des maximes, non seulement ridicules, mais désastreuses.

Dans cette polémique, honneur à l'*Univers*, qui a défendu les vrais principes constitutifs de toute société morale ! et vraiment les partisans de la *Gazette de France* savent, aussi bien que nous, que, dans une nation comme la France, éprouvée par tant de vicissitudes et d'orages, où tant de grands noms ont été emportés par la hache du bourreau, où tant de races, tant de familles ont été décimées, où tous les pouvoirs publics ont été reconstitués, où la personne royale conspuée, maltraitée, a été abattue par la main d'un peuple en démence, sur un échafaud ; dans une nation, enfin, qui a traversé les orages des assemblées délibérantes et les beaux jours du consulat, qui a salué la gloire de l'empire et assisté aux désastres de 1814, a accueilli avec enthousiasme le retour de la branche aînée des Bourbons, puis a revu le héros d'Arcole, et chassé le vaincu de Waterloo pour recevoir de nouveau le royal exilé de Gand ; dans cette nation, dis-je, qui a renvoyé dans l'exil cette dynastie, comme aveugle et impuissante, il ne peut plus y avoir d'illusion, et que dès lors il y a, non seulement erreur, mais mauvaise foi à vouloir ramener au sein de cette nation les institutions du quatorzième siècle. D'ailleurs, le pays a déjà été édifié sur cette perfidie de la *Gazette* et surtout sur les doctrines de ce journal, par la brochure de M. de Romand, véritable manifeste, pour me servir de l'expression du *Journal des Débats* (1), où ce jeune publiciste, en vue de l'intérêt commun de la France, comme le disait ce matin le *Siècle* (2), « invite les lé- » gitimistes à faire un retour sur eux-mêmes, à calculer leurs » forces, à tenir compte des répulsions nationales, à rentrer, » pour ainsi dire, dans le sein de la patrie au milieu de laquelle » ils vivent isolés, et dans l'esprit du siècle, qu'ils n'ont jamais » voulu comprendre. » Et cette fâcheuse direction contre laquelle tous les hommes d'intelligence du parti légitimiste protestent aujourd'hui, est sortie des colonnes de la *Gazette de France*.

Beaucoup de gens se font honneur de tenir constamment à la même idée : ceux-là, dit-on, sont des esprits bornés. Ce reproche ne peut s'adresser à la *Gazette;* car l'histoire de ses variations est volumineuse, et chaque année elle tient à démontrer qu'il n'est au monde aucun système absolu de gouvernement. La *Gazette* admet tous les partis, tous les systèmes, tous les gouvernemens, mais tout autant que ces partis, ces systèmes, ces gouvernemens adoptent la grandeur de ses idées particulières; les idées mystiques, dont l'empire ne peut entraîner que quelques enthousiastes des abstractions météphysiques. C'est en prenant pour conseils les opinions de cette *Gazette*, que de nombreux légitimistes, s'attachant à l'esprit de parti, se sont éloignés d'une manière absolue de ce point de sagesse, qui, placé en dehors des exagérations, devient le centre où toutes les opinions se rallient. Enfin, par un

(1) Voir le *Journal des Débats* du 18 septembre.

(2) Voir le *Siècle* du 19 septembre.

contraste bizarre, les hommes de la *Gazette*, tout en prêchant la réforme électorale, le dogme de l'égalité, veulent qu'il ne reste rien d'une révolution qui a remué toutes les passions des hommes, et continuent à ne voir qu'une émeute dans une ère de l'esprit humain; enfin, traitant des questions politiques comme des principes de foi, ils rejetent hors de leur église, comme de véritables hérétiques, ceux qui ne partagent ni leurs opinions ni leurs convictions : ainsi, dans sa polémique avec l'*Univers*, que fait la *Gazette?* Entrera-t-elle dans le système de ce journal religieux, elle si pure et si austère pour tout ce qui tient aux matières religieuses? Non, elle l'enveloppera dans son orgueil et proscrira les doctrines catholiques de l'*Univers*, comme en tout temps elle a proscrit tout ce qui osait s'exprimer en dehors de sa congrégation. Grâces à Dieu, jusqu'à ce jours, l'*Univers* a été soutenu dans sa lutte par l'opinion publique, et tous les esprits consciencieux n'ont pas hésité un seul instant à donner gain de cause à ce journal; et même tous les organes de la presse, à la tête desquels marche le *Journal des Débats*, n'ont-ils pas appuyé l'*Univers?* Le *Journal des Débats*, tout en résumant, il y a peu de jours, dans un article remarquable, cette polémique de la *Gazette* et de l'*Univers*, a conclu en faveur de l'*Univers* contre la *Gazette.*

Quant à nous, tout en déplorant ces fatales erreurs de la *Gazette*, nous espérons que tout ce qui vient de se passer, que cette discussion, comme la chute du prétendant en Espagne, démontreront aux adeptes de la *Gazette* que c'est assez de fantômes et de systèmes, et que jamais il n'y eut un moment plus opportun pour éloigner tous principes de division, pour renoncer à l'attrait de la destruction, et rentrer dans le sentiment universel qui est aujourd'hui le besoin du repos.

CORRESPONDANCE.

Note B.

A monsieur le baron Gustave de Romand.

Dieppe, 5 août 1839.

Il y a plusieurs jours, mon cher baron, que je veux vous écrire, mais vous excuserez mon retard; j'ai fait un petit voyage depuis que je vous ai vu, et à présent je suis à Dieppe tout seul, prenant les bains de mer ou ne les prenant pas. Je n'ai pas attendu pour vous lire tout le temps que j'ai mis pour vous répondre, et comme vous m'avez demandé en toute sincérité mon opinion, je vous dirai franchement le petit nombre de points où je diffère. Ce sera matière à discussion, car je suis loin de prétendre à l'absolutisme de l'opinion, et il faut s'éclairer.

Vous avez bien raison, mon cher baron, de dire que nous n'avons pas de temps à perdre pour le faire, et je vous trouve, vous, la première victime du courage que vous avez mis à proclamer certaines vérités que bien peu parmi nous se résolvent à admettre. . . . .

. . . .

Maintenant, je passe à cette petite discussion ou vous voulez bien que j'entre avec toute l'amitié que j'ai pour vous, et tout l'attachement d'un champion malheureux d'une cause trop effacée, il faut le dire, au milieu de celles qui partagent le pays.

J'admire comme vous cette marche progressive qui éloigne les gouvernemens des besoins des peuples et des institutions sociales. Cette marche est frappante sous les derniers règnes de notre monarchie. Le gouvernement se fait des théories, des points d'honneur, des intérêts en dehors du peuple pour lequel il est constitué. Un jour vient où l'édifice est ébranlé par la nation ; les réformateurs sages sont effrayés de dépasser leur but : et le nouvel état d'équilibre ne se constitue qu'après d'affreuses secousses. Cette histoire est la nôtre. Dans ma propre famille, Stanislas de Clermont-Tonnerre, que l'on a beaucoup accusé d'avoir contribué à la réforme ou à la révolution, n'a fait, à mon avis, guères plus que d'avoir compris le besoin de son époque ; il élevait la voix au milieu de gens rétrogrades qui l'ont repoussé ; et l'attachement pourtant ne lui manquait pas pour la cause royale, puisqu'il s'est fait tuer au 10 août ; il gémissait alors de le voir débordé ; il avait seulement voulu faire, par le gouvernement et à son profit, les réformes sociales au milieu desquelles on ne s'arrêtait pas, parce que c'étaient alors des concessions brutalement arrachées.

Voilà de ces faits dont je pourrais multiplier les écrits si nous causions ensemble ; quant à la restauration, lorsqu'elle arriva, il me sembla que l'on pourrait en dire que ce fut une grande oscillation contre-révolutionnaire. Aussi, pour se maintenir, il y avait de grandes leçons à puiser pour ses partisans ; mais je conviens que le livre a été fermé pour eux. Je n'irai pas pourtant jusqu'à dire que la liberté et la légitimité semblèrent décidément incompatibles. Je fais, je l'avoue, une moins ample part au besoin social, et une part plus grande à un accident politique.

Si je croyais, en effet, cher baron, que la révolution de 1830 fût le fruit d'une pensée politique si profonde, si justement en harmonie avec notre état social, que me resterait-il à faire? A opter franchement entre mon pays et des affections dynastiques; reconnaître l'impossibilité matérielle de mon dévouement pour les personnes, puisque même leur retour ne serait d'aucun profit durable pour elles-mêmes. . . . .

. . . .

Je vous comprends parfaitement, mon cher baron, dans la fusion que vous indiquez des légitimistes et orléanistes en un parti unique conservateur; et je crois que vous ne l'avez pas été également par les hommes consciencieux qui vous ont attaqué. Ainsi j'admets que ces deux partis, complétement opposés en ce qui touche le principe d'honneur, doivent le plus souvent, l'un par nécessité, l'autre par ses affections, être en concordance dans leurs actes; mais, c'est à cause de cette discordance totale des principes, que nos hommes ne veulent point entendre parler de fusion, même dans le sens matériel des faits; aussi errent-ils complétement lorsqu'ils donnent la main à ce parti qui se trouve au-delà, et qui est encore plus leur ennemi, et auquel ils donnent un avenir qu'il n'a peut-être pas sans eux. Je suis entièrement contre l'alliance carlo-républicaine, et mieux, j'en rougis de deux façons; puisque s'ils arrivaient, nous serions les complices innocens des crimes qu'ils commettraient, et parce qu'aussi nous aurions été leur dupe. Je ne veux pas nier qu'il n'y ait d'honnêtes gens dans ce parti; mais je suis convaincu qu'ils seraient prodigieusement dominés par d'autres hommes sortis de leurs rangs. Ainsi ai-je admiré et blâmé la fureur avec laquelle on s'est donné le mot pour renverser M. Molé, l'homme de l'amnistie, à qui les droits acquis inspirent du respect.

Je ne suis pas le moins du monde partisan de l'abstention politique, et je m'accorde en cela pleinement avec vous, de même qu'en désirant reparaître dans toutes les questions où le pays est intéressé. J'espère qu'après les expériences faites, ce parti-là prévaudra, comme il prévaut déjà chez beaucoup de nos amis. Il faut multiplier nos Béchard et nos Valmy...... Je suis fort de votre avis en ce qui touche aux élections.

Votre critique de la *Gazette* est fort spirituelle. Je ne repousse pas autant que vous ses convictions systématiques; du moins pour ce qui touche l'élection à deux degrés. Ce mode me satisferait plus que le mode actuel.

Comme vous, je vois dans l'avilissement de la chambre des pairs, un principe de destruction pour l'avenir du gouvernement représentatif en France, et je conçois le remède que vous proposez au profit même de l'ordre de choses actuel, pour échapper aux maux qui naîtront de là pour le pays; mais je vois bien difficilement comment il en ferait l'application.

Le parti qui me semble avoir de l'avenir, mon cher baron, c'est celui qui renversera le gouvernement actuel, mais ce ne sera pas à notre profit; c'est le parti impatient des formes monarchiques. Du moins, en agissant selon notre honneur et notre indépendance, n'aura-t-il pas à nous faire le reproche d'avoir mis la main à son œuvre. C'est le parti qui dit de lui-même que son heure n'est pas encore venue.

Voilà bien des lignes, mon cher baron, et pas encore un mot d'amitié, vous la lirez tout entière dans la franchise avec laquelle je vous parle. Croyez à ma considération et à mon entière affection.

Le prince de CLERMONT-TONNERRE.

Au même.

Le 23 juillet 1839.

Monsieur le baron,

Je viens de recevoir, avec la lettre que vous m'avez fait l'honneur de m'écrire, votre brochure sur l'*Etat des partis en France;* je vous suis bien obligé de m'avoir cru digne d'apprécier les sentimens modérés et vraiment patriotiques qui vous ont inspiré en l'écrivant. Je suis disposé à m'associer à la plus grande partie de vos idées; elles sont généralement celles de plusieurs de mes amis, dont les opinions politiques s'accordent avec les miennes et probablement avec les vôtres.

La franchise de mon caractère, à la connaissance duquel je dois sans doute la preuve de confiance que vous avez la bonté de me donner, m'autorise peut-être à me permettre une ou deux observations relatives à ma position personnelle, et à la ligne de conduite que j'ai cru devoir suivre depuis la révolution de 1830, et qui, je le proteste, ne m'a été dictée que par mes convictions intimes dégagées de toute espèce de considération particulière, et que rien encore n'a pu modifier.

Je ne suis point de ceux qui, poussant en aveugles au renversement du gouvernement actuel, pensent que l'ordre puisse renaître de l'ère du désordre. Ennemi déclaré de l'anarchie, je proteste hautement contre toute espèce de rapprochement avec les hommes de désordre et d'anarchie.

Je ne suis pas non plus de ceux qui parodient ces paroles justement réprouvées, *périssent les colonies plutôt qu'un principe;* mais je suis de ceux qui pensent et croient fermement qu'un mauvais principe* rend absolument impossible un gouvernement con-

* Le principe de la souveraineté du peuple.

servateur et régulier. Je crois que contre tout le mal qu'engendre nécessairement un mauvais principe, il n'y a de remède qu'un principe meilleur.—Je suis de ceux qui veulent avec la liberté *toute la liberté possible*, l'égalité rigoureuse devant la loi, l'égale admission à toutes les places et à tous les honneurs, et la faculté pour toutes les capacités d'arriver à tous les rangs. Je suis enfin, et je crois avoir prouvé que j'étais du nombre des légitimistes qui voulaient franchement, loyalement et sans arrière-pensée, toutes les conquêtes utiles de la révolution *sans la révolution*. Dans le principe qui a créé le gouvernement actuel, je ne puis voir que le triomphe le plus absolu de la révolution. C'est par cette raison, qu'abstraction faite des antécédens de ma vie, et de mes affections personnelles, sans blâmer en aucune manière ceux qui ont agi différemment, je n'ai pas cru devoir ni pouvoir prêter serment au nouvel ordre politique. Ma conscience trop craintive peut-être ne m'a pas permis de prendre un pareil engagement; mais vous avez raison, monsieur le baron, de croire que cette inaction, à laquelle je me trouve forcément condamné, est *douloureuse*. Vous pourriez ajouter qu'elle est méritoire; car je vous assure que cette inaction, cette impossibilité de servir activement ma patrie, de lui dévouer mes dernières années, me coûtent assez d'efforts et de sacrifices pour que je sois du moins rassuré contre la crainte de me laisser aveugler par une erreur de passion. Si j'avais l'honneur d'être plus connu de vous, monsieur le baron, je n'aurais pas besoin de vous certifier qu'il n'y a peut-être pas d'homme en France qui soit moins indifférent que je ne le suis au bonheur ou au malheur, à la gloire ou à l'abaissement de mon pays.

Recevez, Monsieur le baron, avec mes remercimens l'assurance de ma parfaite considération.

Comte de LA FERRONNAYS.

Boury, près Gisors (Eure).

Au même.

Je dois vous paraître bien coupable, Monsieur, de n'avoir pas répondu à l'envoi que vous avez bien voulu me faire de votre petit ouvrage sur l'*Etat des partis en France.* Vous m'excuserez, s'il vous plaît, en songeant que je n'étais point à Paris, que de tristes devoirs m'en tenaient éloigné depuis long-temps, et que maintenant encore ce n'est point de Paris que j'ai l'honneur de vous répondre, et seulement quand un secrétaire, en m'envoyant des paquets de Paris, m'a mis à même de vous remercier de votre bienveillant souvenir. Les journaux, ce me semble, se sont beaucoup occupés de votre ouvrage ; ils l'ont accueilli avec des jugemens divers, et vous ne pouviez que vous y attendre ; mais, ainsi que j'ai eu, je crois, l'honneur de vous l'écrire déjà, tant que l'on est de bonne foi et que l'on écrit sous l'inspiration de sa conscience, on est en plein droit d'exprimer et de maintenir son opinion. Vous savez quelle est la mienne et ce que je pense, affections et souvenirs à part, d'un gouvernement sur lequel vous avez d'autres idées. Nous ne nous trouverons donc pas probablement sur la même route; mais partout où vous me rencontrerez, monsieur, vous pouvez être sûr que ce sera avec un égal plaisir de revoir un homme de talent et d'espérance, comme vous êtes, et avec un respect que rien ne démentira de ma part, pour les convictions consciencieuses. La seule chose qu'on apprenne dans la vie, c'est qu'on peut se tromper souvent, mais qu'il faut toujours être de bonne foi ; la bonne foi, dit Balzac, est le fondement sur lequel le monde repose. J'ai eu la preuve de la vôtre, monsieur, et je l'ai eue de vous-même ; c'est assez vous dire quel prix j'y mets.

Veuillez en recevoir l'assurance, et me permettre d'y joindre l'expression des sentimens avec lesquels j'ai l'honneur d'être, monsieur, votre très-humble et très-obéissant serviteur.

AMÉDÉE DE PASTORET.

Plombières, 29 août 1839.

Note C.

Ce serait une grave erreur de croire que, dans la peinture du parti contre-révolutionnaire, nous ayons eu en vue ou mis en cause le ministère du 8 août 1829; rien ne serait plus injuste que de confondre les hommes de cette administration avec le parti qui les avait choisis, malgré eux, pour exécuteurs de ses hautes-œuvres.

Les ministres signataires des ordonnances, eurent sans doute le tort de croire qu'il était permis d'user du droit rigoureux, réservé explicitement par l'article 14 de la Charte, et que contenait en outre implicitement le principe d'une Charte octroyée : ils furent portés à cette extrémité, parce qu'ils ne comprirent point l'existence d'une monarchie privée de l'appui d'un corps aristocratique, et ils cherchèrent, non pas à détruire la Charte, mais à en modifier la pratique, de manière à faire triompher le principe d'aristocratie territoriale, auquel leur semblait attaché le salut de la royauté comme de la société elle-même. Ce n'était pas le règne du despotisme qui fut dans leur pensée, mais le rétablissement d'un système aristocratique repoussé, il est vrai, par nos mœurs et par l'état de notre civilisation; mais compatible, toutefois, avec certaines institutions de liberté ; tandis qu'il y avait derrière eux un parti contre-révolutionnaire, qui repoussait absolument, et sans distinction, toute institution de liberté. La lettre suivante du prince de Polignac est propre à jeter un grand jour sur cette question, et à dissiper une partie des préventions injustes ou exagérées qui pèsent sur sa mémoire.

A Monsieur le baron Gustave de Romand.

Wildthurn, près de Landau-sur-l'Isar (Basse-Bavière).

J'apprends avec plaisir par votre lettre du 19, monsieur, que vous êtes plus satisfait de votre santé ; mais d'un autre côté je vois avec peine que vous vous abandonnez à des pensées de tristesse qui appartiennent rarement à votre âge, et qui, je l'espère, n'ont pas chez vous des motifs fondés. Je conçois votre dégoût de toute politique, on ne s'en occupe avec quelque succès aujourd'hui qu'en mettant les passions en jeu ; il faut savoir médire, calomnier, mentir à sa propre conscience, immoler aux idoles du jour ses goûts, ses convictions, et souvent jusqu'à ses souvenirs et ses anciennes affections ; on vous donne par contre un peu de fumée d'encens, un peu de popularité qui s'évanouissent dans l'air au premier coup de vent, et l'on reste bientôt seul vis-à-vis de soi-même, dépouillé de ses propres convictions et de ces hommages passagers que l'on regrette alors d'avoir tant recherchés. Quel est l'homme sage et méditatif qui, dans la prévision de tant de déboires puisse désirer se jeter dans ce qu'on appelle aujourd'hui la politique, à moins toutefois qu'un motif spécial ou une position sociale particulière ne lui en imposent le devoir ?

Vous vous plaignez de n'avoir pas été compris à Kirhberg, bien que vous ayez fait entendre des paroles vraies et dévouées, mais ces sortes de désappointemens remplissent la vie de l'homme ; c'est à bien dire son histoire toute entière ; il parle sans qu'on l'écoute, son langage est méconnu ; ses paroles, fussent-elles fondées en vérité, lui sont même quelquefois reprochées ; il n'est pas un de nous qui n'ait passé par de telles épreuves, qui n'ait tour à tour refusé de croire aux paroles des autres, et ne se soit vu dans le cas de ne pas être écouté : vous avez quelque confiance en moi, monsieur, eh bien ! je m'offrirai ici comme preuve de ce que j'avance : pendant quinze ans sous la restauration, des personnes sages et prévoyantes ne cessaient de me dire que la Charte amenerait tôt ou tard la chute du trône ; qu'elle ne représentait qu'un pacte fait entre la légitimité et la révolution dont la première devait nécessairement être victime : j'ai refusé de croire à ces prévisions de mauvais augure, et j'ajouterai que je puis oser dire avoir voulu cette Charte jusqu'au dernier moment avec toute la franchise et la persévérance de mon caractère. Plus tard je vis à mon tour mes paroles repoussées et méprisées ; j'étais au pouvoir ; j'avais sondé les plaies profondes de la France. Je prévins mes amis politiques des dangers du moment ; ils m'appelèrent *alarmiste* : je les vis bientôt (beaucoup d'entre eux au moins que j'estime et honore) se mêler dans les rangs ennemis, et partager soit en dedans soit en dehors des Chambres la triste gloire de sonner avec les 221 le premier coup de tocsin de la monarchie. Peu à peu faute d'états le trône croula, et sa chute me fut imputée : je l'avais cependant prédite cette chute que ces mêmes amis politiques me reprochent aujourd'hui, après avoir refusé de croire à mes paroles. Mon seul tort alors fut d'être resté par ordre sur la brêche, au moment où le bélier révolutionnaire ébranlait le trône jusques dans ses fondemens : peu de personnes se sont aperçues qu'en entrant au pouvoir vers la fin de 1829 je recevais des mains de mes prédécesseurs *la révolution toute faite.* C'est ainsi, monsieur, que la plus grande partie de notre vie s'écoule accompagnée des sentimens d'incrédulité partagés tour à tour par nous et nos semblables ; ne nous en irritons pas, dussionsnous même en être la victime ; c'est un sort commun à tous ; l'homme vit en exilé sur cette terre ; chacun de nous y traîne son boulet.

Je termine à la hâte ces réflexions provoquées par quelques passages de votre lettre. Je vous ai écrit par l'intermédiaire de M. Lavalette en date du 10 de ce mois ; j'espère que ma lettre vous est parvenue. Vous pouvez m'adresser les vôtres à Munich, quelques affaires me forcent de rester encore six semaines au moins en Bavière ; je serai charmé, monsieur, de recevoir de vos nouvelles. La princesse me charge de vous remercier de votre souvenir. Je vous renouvelle ici l'assurance de mon bien sincère attachement. Le prince de POLIGNAC.

Qu'on médite les ordonnances de juillet, en prenant ces paroles pour commentaire de leur texte, et l'on se pénétrera à la fois et de la sincérité de l'assertion du prince de Polignac, et du véritable esprit de ces ordonnances.

Note D.

A M. Eugène de Genoude.*

On me presse, Monsieur, d'écrire ma profession de foi politique, je l'écris dans votre spirituel journal, et je l'écrirais dans tout autre ; car le silence paraitrait la crainte de la faire connaître ; or,

* Cette lettre a paru en 1833 dans les déclarations et logique de *la Gazette de France.*

je ne sais cacher ni ce que je fais ni ce que je dis, ni même ce que je pense, et pas plus mes opinions que mes principes.

La liberté est la passion de quelques uns et le masque de beaucoup d'autres.

Comme l'âge des passions est passé pour moi, et que les masques n'ont jamais été de mon goût, j'avouerai que j'aime beaucoup la liberté, honni soit qui mal y pense; mais je l'aime avec le calme et la sagesse, qui sont l'apanage, je pourrais ajouter le devoir des cheveux blancs.

Ce sentiment né avec moi, nourri par nos auteurs classiques, s'est affermi, s'est accru par la vue des monumens romains, et des imposantes ruines que j'ai plusieurs fois visitées avec enthousiasme. J'ai admiré tout ce qu'on pouvait faire de grand, de beau, de mémorable avec un noble usage de la liberté.

Mais c'est, j'en conviens, celle des Cincinnatus et des Cicéron qui me plaît, non celle des Gracches et des Catilina.

Je l'ai toujours désirée, je la désire toujours vivement, dans une juste mesure, pour mon pays, objet, depuis ma naissance, de mes plus sincères affections, de mes vœux les plus ardens.

Pour lui j'ai fait quelques sacrifices, pour lui j'en ferais encore, et celui de ma vie même ne m'effraierait pas.

Mon ambition, ma seule ambition était jadis d'être un des instrumens de la prospérité de ma patrie; elle n'est maintenant que d'en être, avant la fin de ma carrière, un des heureux témoins.

Mais cette prospérité suite d'institutions éclairées, qui conviendront au siècle, à nos habitudes, à notre caractère, à nos mœurs, à un peuple libre et raisonnable, *doit être le résultat du temps, ce vieux redresseur de torts, cet infatigable réparateur d'injustices.*

Elle doit l'être du rapprochement de tous les partis, de l'union de tous les Français, de la coalition de tous ceux qui, sans vue personnelle, sans intérêt particulier, sans calcul égoïste, veulent sincèrement et uniquement le bien.

Elle doit être le produit de l'expérience, ce maître éloquent, et trop éloquent pour bien des gens, qui détruit bien des illusions, qui désabuse bien des erreurs, et qui donne des leçons plus utiles que tous les livres, que tous les savans, *que tous les systèmes les plus brillans, que toutes les théories les plus séduisantes.*

Elle doit être le fruit, peut-être même, hélas! de bien des souffrances, de bien des maux, un des plus grands remèdes des folies humaines, un des moyens les plus ordinaires et les plus efficaces de cette Providence qu'on se plaît à nier dans les temps de délire, et que dans toutes les religions, ainsi que chez les nations les plus célèbres, les philosophes les plus éclairés se sont constamment plu à reconnaître et à faire reconnaître par leurs disciples et par leurs concitoyens.

Malheur à ceux qui voudraient hâter cet instant, si désirable, par des mesures violentes ou des tentatives inutiles autant que dangereuses! Ils mettraient tout en question, tout en problème, tout en confusion, et en se compromettant, ils compromettraient pour long-temps, peut-être pour toujours, le bonheur que nous devons désirer et que nous pouvons espérer.

J'ai constamment pensé, depuis mon entrée dans le monde et dans les révolutions, *qu'il ne faut pas être homme de parti, mais qu'il faut être Français, et bon Français;* c'est le vrai moyen d'être utile; le vrai moyen d'inspirer de la confiance, le vrai moyen de contenter à chaque instant sa conscience, et c'est la seule puissance à laquelle j'aie jamais voulu faire ma cour.

J'ajouterai qu'ayant vu de bien près le bien rapide, le bien étonnant qu'avaient en quelques années, produit les assemblées provinciales dont mon père présidait une réunion, je les ai toujours vivement regrettées.

Si donc j'en ai vu avec chagrin, ainsi que cent mille autres, sa suppression dans ma jeunesse, ne serait-il pas simple, ne serait-il pas naturel que j'en visse avec joie, avec espérance, le rétablissement dans mes vieux jours?

Telle est ma profession de foi politique; *elle me paraît assez rapprochée de la vôtre d'après vos écrits; car je crois à la bonne foi des autres comme on doit croire à la mienne, et j'aimerais mieux être trompé cent fois que de tromper une.*

Je me plais surtout à ne pas douter de la bonne foi de celui qui, dans la *Gazette* manie avec tant de dextérité, tant d'habileté, tant d'influence, cette arme si redoutable, si multipliée, de nos jours, et qui peut faire tant de bien ou tant de mal, de celui qui a entre les mains ce levier formidable, et nouveau chez nous, dont la puissance, bien prouvée depuis cinquante ans, me paraît le vrai levier avec lequel Archimède assurait qu'il pourrait soulever le monde.

Recevez, monsieur, etc.

Le duc de DOUDEAUVILLE.

Lettre à MM. de Genoude et Lourdoueix sur la réforme électorale.

20 février 1839.

« Consulté par quelques amis immédiatement après les événe-
» nemens de 1830, sur les institutions qui me paraîtraient propres
» à préserver la France du danger de voir ainsi son sort dépen-
» dre du succès d'une émeute à Paris, je répondis que nous n'é-
» tions livrés sans résistance possible à la discrétion de la capitale

» que par le défaut d'organisation d'institutions locales assez for- » tes pour nous en préserver ; j'ai retrouvé la substance d'un pro- » jet que j'ébauchai sur ce sujet, dans les idées que vous présen- » tâtes vous-même à vos lecteurs quelque temps après.

» Une demande semblable m'a été adressée dans ces derniers » temps sur les moyens d'échapper aux dangers anarchiques que » faisait courir au pays l'affaiblissement graduel et frappant de ses » institutions gouvernementales ; j'ai répondu que le remède au » nouveau mal qui se manifestait, me paraissait être, selon la com- » binaison actuelle des pouvoirs publics, dans la substitution du » droit commun au monopole étroit auquel on avait livré les élec- » tions et le sort du pays, et que la réforme était la véritable » question d'intérêt général du moment. Vous êtes de la même » opinion, et je m'en suis félicité sans m'en étonner; car les hom- » mes de principes et de conviction semblables sont toujours sûrs » de se trouver dans la même voie.

» Il est cependant résulté de ces réponses données sur des ques- » tions isolées et à de si longs intervalles, des *erreurs d'interpré- » tation qu'il importe à ma loyauté et à mon caractère de rectifier.*

» *La restitution de l'administration au pays et la réintégration » des contribuables dans le droit de consentir l'impôt, ne peuvent, » dans mon opinion, se concilier sans danger anarchique avec la » plupart des restrictions apportées à l'exercice de l'autorité royale » par quelques dispositions des deux Chartes dont nous avons fait » ou faisons l'essai depuis* 1814.

» Si, comme c'est ma conviction intime, les institutions locales » et administratives, et le vote de l'impôt par les contribuables, » *constituent tout ce qu'en réalité et avec prudence nous pouvons » et devons désirer de garanties utiles;* il est une autre nécessité » publique qu'il importe à la France, plus qu'à tout autre pays, de

» satisfaire ; c'est celle d'un gouvernement monarchique fortement » constitué, qui ne puisse être ni journellement contesté, ni con» stamment entravé, ni moralement affaibli, tant à l'égard des » étrangers que des regnicoles. Le repos et la grandeur de la » France dépendent de la conciliation de ces deux nécessités, *je » ne me consolerais pas de me voir exposé au soupçon de mécon» naître ce premier devoir d'un Français*, *et c'est pour protester » contre ces interprétations anarchiques qui sont venues jusqu'à » moi, que j'ai recours à votre amitié pour donner place dans vo» tre journal à ces explications.*

» Votre bien affectionné.

» Le comte de VILLÈLE. »

L'opinion de M. de Villèle paraît s'être modifiée depuis le 20 février dernier ; voici comment il s'exprime sur la réforme, dans une lettre adressée, il y a quelques jours, à la *Gazette du Languedoc* et reproduite par toute la presse légitimiste de Paris et des départemens.

Lettre de la Gazette du Languedoc.

18 février 1839.

« Après dix ans d'une si déplorable épreuve, ne serait-il pas temps qu'un pays comme la France passât enfin de la région des fictions dans celle des réalités, qu'elle sortît du faux pour entrer dans le vrai ; qu'elle quittât les voies de prodigalité, d'oppression, de faiblesse et d'humiliation, pour celles de l'économie, des libertés, de la force et de l'honneur, dans lesquelles tant de mécomptes et de décevantes expériences semblent devoir la rappeler?

» Tout Français a intérêt à l'abolition du pitoyable monopole sous lequel nous succombons ; il n'a couvert la trop longue carrière qu'il a fournie que de corruption, d'oppression, de prodigalités et de ruines ; il n'est pas un intérêt public qui n'ait été sacrifié à sa frêle existence. Il a voulu un roi qui régnât et ne gouvernât pas, et l'a réduit par sa propre infirmité, à ne pouvoir accomplir le mince devoir de former un ministère au gré d'une chambre sans majorité, qui l'a laissé dans la même impuissance après un appel fait à des électeurs comme elle sans doctrine, sans principe, sans volonté, sans majorité dans leurs colléges, sans la moindre consistance dans le pays ; telle est, en effet, la composition et la nature de nos électeurs légaux, dont M. Dupin, qui les connaît bien et en fait partie, a pu dire avec vérité : « Nous savons bien ce que nous ne voulons pas, mais jamais ce que nous voulons.

» Non seulement il est injuste envers ceux qui sont privés de leurs droits politiques, mais encore insensé pour tous, de confier l'omnipotence générale, la direction absolue, l'exercice complet de la toute-puissance publique, dans un pays quelconque, et surtout dans un pays qui est en butte à l'envie, à la jalousie et à la méfiance de tous les autres comme la France, à une minorité de 200 mille censitaires, dont un des hommes distingués de cette classe privilégiée peut ainsi caractériser et proclamer avec vérité et sans suspicion de partialité, l'incapacité radicale d'accomplir un tel mandat.

» Cette classe entière et ses élus, comme elle et plus qu'elle encore, sont intéressés d'honneur (car, qui peut vouloir montrer et faire ainsi preuve, chaque jour, d'une telle impuissance) ; et par la lésion qu'éprouvent les intérêts communs et généraux, à l'abolition du monopole dont on les a accablés ; qu'ils n'attendent pas pour réclamer avec nous la réforme, qu'on suppute la somme exiguë pour laquelle ils concourent au support des onze cents millions qu'on nous impose, ainsi qu'on a déjà comparé leur imperceptible nombre à celui des contribuables.

» Quant au reste des Français, aux trente-trois à trente-quatre millièmes dont se trouve ainsi couverte notre France, cette patrie des franchises et des libertés publiques, leur dignité, leur sûreté, leur prospérité, tout ce qui constitue et intéresse un peuple, leur fait chaque jour davantage un devoir de réclamer la jouissance des droits publics dont personne n'a pu les priver sans usurpation et oppression, et dont tout ce qu'ils sentent et éprouvent dans tous leurs intérêts leur démontre l'indispensable nécessité.

» Je l'ai dit et dois le répéter, dans ce moment où l'opinion semble vouloir enfin s'occuper du remède à porter à une telle lésion des intérêts publics, on n'en trouvera d'efficace et de proportionné au mal qu'en nous rendant nos libertés locales, et l'exercice du droit qu'a tout Français de concourir à l'élection de ceux qui doivent discuter et consentir en son nom sa part dans l'immensité de charges publiques, tant personnelles que pécuniaires, qu'exigent nos sociétés modernes. Qu'on nous rende au moins nos anciennes libertés; quand les dépenses publiques, les moyens de corruption, les facilités de dilapidation se sont si prodigieusement accrus; je ne sais même si ces garanties seront suffisantes pour nous préserver de l'oppression.

» *Mais ce dont je suis certain, c'est que tous les projets de nouveaux monopoles ou de modifications de celui que nous avons, dont on entretient le public, ne sont propres qu'à égarer l'opinion, et à nous maintenir encore dans la voie déconsidérée dont personne n'ose plus constater les dangers et les déplorables résultats.*

» En étendant aux prétendues capacités les droits électoraux, on ajouterait l'arbitraire et ses funestes conséquences à l'aveugle condition du cens ; on empirerait la situation au lieu de l'améliorer. Ce changement de combinaison serait favorable à l'influence de tel chef de parti, au détriment de tel autre. Voilà le seul résultat qu'on pourrait attendre de cette prétendue réforme, il importe bien peu au pays.

» La fortune publique est en France une trop belle proie pour la livrer ainsi à la discrétion des nombreux prétendans qui se présenteront pour la dévorer, tant que son exploitation dépendra du monopole d'une minorité intéressée à se joindre aux assaillans, et à la partager avec eux, parce qu'elle se sent trop faible pour la défendre.

» Le grand mouvement d'opinion qui a précédé et déterminé 89, eut pour premier moteur le besoin senti, par une société enrichie, de plus de garanties que n'en offrait le monopole parlementaire contre les exigences fiscales du gouvernement, dont les progrès de la fortune générale avaient successivement accru les besoins au-delà de ses ressources, sans qu'il eût depuis trois longs règnes consulté le pays sur les moyens réguliers d'y pourvoir. *Ce que des novateurs imprudens empêchèrent de se réaliser alors, en violant le mandat de leurs commettans, les hommes sages doivent le demander aujourd'hui, et la France désabusée saura s'en contenter. Voilà cinquante années qu'elle vit à bien moins.*

» UN CONTRIBUABLE. »

OPINIONS DE LA PRESSE SUR LE PARTI LÉGITIMISTE.

Note E.

Journal des Débats.

31 juillet 1839.

Nous avons lu avec le plus vif intérêt une brochure intitulée :

De l'Etat des Partis en France. C'est l'ouvrage d'un jeune écrivain, M. le baron Gustave de Romand. L'auteur a dédié son écrit à la Chambre des Pairs. Une première question se présente tout naturellement à l'esprit du lecteur : de quel parti est lui-même M. de Romand ? Si nous en jugions par les regrets et par les affections qu'il exprime, nous répondrions que M. de Romand est légitimiste, mais légitimiste constitutionnel, mais légitimiste éclairé. Qu'on ne s'étonne pas de trouver sous notre plume le rapprochement de ces deux mots. Ceux qui ne connaissent le parti légitimiste que par les organes actifs et bruyans qui ont la prétention de le diriger, le connaissent fort mal. Jamais parti n'a été conduit plus à rebours de ses sentimens naturels et de ses véritables intérêts. C'est un parti d'ordre, un parti conservateur ; et ses chefs, ou du moins ceux dont il a subi le joug, l'ont traîné à la suite de toutes les factions qui rêvent le bouleversement complet de la société. Tantôt on lui a fait signer pêle-mêle avec le parti démagogique, des pétitions pour le suffrage universel, sauf à voir plus tard si par ce moyen-là on arriverait aux vieux États-Généraux du moyen-âge, ou tout simplement à une Convention ; tantôt on lui a imposé la loi d'aller voter dans les colléges électoraux pour les candidats dont les opinions s'éloignent le plus des siennes, et parce que c'est un parti monarchique, on lui a commandé de préférer les ennemis de toute monarchie, de toute royauté, aux amis de la royauté et de la monarchie nouvelles. C'est un parti riche, un parti propriétaire que ses intérêts naturels rendent ennemi des secousses sociales, et on a abusé de la défiance que lui inspirait une révolution accomplie, pour le jeter dans des intrigues cent fois plus révolutionnaires que cette révolution même, cent fois plus menaçantes pour l'ordre social ; c'est un parti composé en général, nous le reconnaissons volontiers, d'hommes honnêtes, religieux, d'hommes de conscience et de foi ; et on lui a prescrit de ne faire usage des droits que nos institutions libérales lui accordent que pour renverser ces institutions, pour en corrompre, pour en pervertir le résultat. C'est un parti qui n'est pas même aussi étranger qu'on le croit aux idées de liberté et de progrès; et, après avoir fait en son nom, quoique malgré lui, les détestables ordonnances de juillet; on le condamne maintenant à l'impossible et stérile travail de refaire l'ancien régime et la monarchie absolue!

Il n'est pas étonnant que des hommes de cœur, de talent, d'avenir, se lassent d'obéir à une direction dont la masse du parti ne recueille que l'odieux, à une direction qui ne compromet pas moins les intérêts particuliers et la cause de ceux qu'en général on comprend sous le nom de légitimistes, que la cause et les intérêts généraux de la société. Nous ne doutons pas que dans la masse du parti légitimiste un très-grand nombre d'hommes sincères, éclairés, vraiment conservateurs, ne gémissent du rôle qu'on leur a imposé; les passions des premiers temps s'éteignent. Avant la révolution de juillet ils voulaient la Charte et la légitimité : ils croyaient, comme nous l'avons cru nous-même, à la possibilité d'une alliance entre la vieille monarchie restaurée et la liberté fruit des progrès de la civilisation; ils étaient royalistes constitutionnels. La révolution de juillet a sauvé la liberté; mais elle ne l'a sauvée qu'en sacrifiant le principe de la légitimité absolue, et en fondant une monarchie nouvelle. Les royalistes constitutionuels se sont malheureusement divisés. Les uns, et nous sommes du nombre, ont cru voir dans les ordonnances de juillet l'arrêt définitif prononcé par la Providence contre une dynastie épuisée; ils ont pensé que le coup d'état avait mis le droit et la justice du côté de la révolution, et que rajeunir la monarchie était le seul moyen de la conserver. Les autres ont été plus frappés de ce que la révolution de juillet leur ôtait que de ce qu'elle leur conservait. La plupart d'entre eux, nous n'en doutons pas, eussent fait cause commune avec le parti libéral, eussent souffert avec lui, si les ordonnances de juillet eussent triomphé. La liberté était sauvée, la légitimité était perdue; leurs affections se sont portées tout entières sur ce que la révolution avait retranché, sur la légitimité. Voilà comment ils ont été confondus avec les vrais contre-révolutionnaires, avec les légitimistes aveugles et fanatiques; et par un malheur inévitable, les plus nombreux, les plus sages, les plus modérés, sont momentanément tombés sous le joug du petit nombre et des plus violens!

Cette division déplorable des royalistes constitutionnels a été sans aucun doute, nous ne disons pas même le plus grand obstacle à l'affermissement du gouvernement nouveau, mais au rétablissement de l'ordre et des principes sociaux. Elle a exclu des affaires publiques, chassé des Chambres, jeté dans les factions des hommes que leurs lumières, leur fortune, leurs goûts appelaient à diriger la société. Les plus ardens par leur complicité, les plus calmes par leur inertie ont semblé conspirer avec l'esprit de destruction et de bouleversement. On aurait dit qu'ils ne voyaient pas que la société, en s'écroulant, les accablerait les premiers sous ses ruines, ou que, par un aveugle esprit de vengeance, ils se résignaient à périr pourvu qu'une société qu'ils maudissaient pérît avec eux! Nous n'avons cependant jamais pensé pour nous que le divorce entre les deux branches du parti conservateur dût être éternel. Trop de sentimens communs, trop d'intérêts les rapprochent. Nous avons toujours cru que la masse du parti légitimiste se fatiguerait d'être exploitée par des passions dont elle finirait par reconnaître l'égoïsme ou l'absurdité. Nous avons compté sur le temps. Les hommes éclairés et sages du parti légitimiste ont pu croire, pendant les premières années, qu'ils n'avaient à détruire qu'une révolution, qu'ils n'avaient en face d'eux qu'une anarchie. Aujourd'hui l'illusion est dissipée. Cette révolution, c'est un gouvernement qui a jeté de profondes racines dans le pays et qu'on n'en arracherait pas sans soulever le sol et sans ouvrir des abîmes. Cette anarchie, ce sont des institutions libérales, ces institutions mêmes que le parti royaliste constitutionnel a tant demandées sous la Restauration. Il n'y a que des insensés qui puissent maintenant se figurer de bonne foi que si le gouvernement actuel succombait dans ses luttes avec les factions, ce serait pour céder la place à la dynastie exilée. Tous les coups qu'on porte au gouvernement, c'est la société qui les reçoit. L'anarchie légitimiste n'est qu'un flot qui grossit le torrent de l'anarchie démocratique. Le parti légitimiste, en continuant à s'isoler du parti conservateur, peut voir les résultats qu'il obtiendra par ceux qu'il a déjà obtenus : il renforcera le parti républicain, voilà tout.

Nous le répétons : ces vérités, cela est certain, sont senties par le plus grand nombre des légitimistes. Mais il y a du courage à les publier hautement, et c'est ce que vient de faire l'auteur de la brochure que nous annonçons. Nous ferons d'ici à peu un examen plus ample et plus détaillé de l'écrit de M. Gustave de Romand. Nous ne voulons aujourd'hui que le recommander à nos lecteurs. Nous le prenons surtout comme un symptôme de l'état du parti légitimiste, et des retours consciencieux qui ramènent insensiblement à la défense des principes sociaux des hommes qui n'avaient d'abord vu dans la révolution de juillet qu'une anarchie qu'il était permis de combattre et de détruire par elle-même, en lui opposant une anarchie plus complète et plus terrible. Le temps n'est peut-être pas encore venu pour la masse du parti légitimiste de se rallier au gouvernement et de se transformer tout-à-fait en parti conservateur ; nous respectons des affections sincères ; nous comprenons des regrets que nous ne partageons pas ; nous laisserons le temps achever ce qu'il a déjà commencé ; mais nous voyons avec plaisir un jeune écrivain de talent oser attaquer, au nom même des intérêts et des principes du parti légitimiste, auquel il appartient, ces monstrueuses et détestables alliances qui, pendant quelque temps, ont confondu des hommes d'ordre avec des hommes de désordre, et des royalistes avec des anarchistes. Nous croyons avec M. Gustave de Romand qu'il y a pour les anciens légitimistes, s'ils comprennent leur position, un beau rôle à remplir dans la société nouvelle : c'est de contribuer à rétablir les principes de l'ordre, c'est de se rapprocher des hommes avec qui ils ont le plus d'affinité, c'est de défendre la propriété, la religion, la monarchie, l'autorité, la liberté constitutionnelle. Au lieu de s'épuiser en sophismes, pour faire sortir de nos institutions mêmes un principe de bouleversement, ne serait-il pas cent fois plus loyal et cent fois plus digne de travailler à les améliorer? Le moment n'est-il pas arrivé pour les légitimistes éclairés de se souvenir que beaucoup d'entre eux, sous la Restauration, ont été avec honneur à la tête du parti de la liberté et du progrès? Décidément, préfèrent-ils à la monarchie actuelle, ou l'anarchie républicaine, ou le despotisme impérial?

On nous accusera d'appeler les légitimistes à notre aide ; peu nous importe. Nous appelons à notre aide tous les amis naturels de l'ordre et de l'autorité ; et plût à Dieu qu'il dépendît de nous de rallier autour de la monarchie de juillet toutes les branches dispersées du parti constitutionnel, royaliste et conservateur! Cela serait bientôt fait, et nous croirions avoir rendu au trône, à la liberté, à la France, un de de ces *services dont la mémoire est impérissable.*

---

10 août 1839.

A propos des réflexions que nous avons faites, il y a déjà quelque temps, sur une brochure remarquable, un journal qui d'abord avait jugé plus politique apparemment de ne pas montrer toute sa colère, nous accuse aujourd'hui d'avoir voulu tenter *la fidélité du parti légitimiste.* Il faut même que la tentation ait été présentée sous des couleurs bien séduisantes, car on nous compare au diable, tout simplement! Mais notre habileté tentatrice ne se serait-elle pas bornée à représenter assez fidèlement les dégoûts et les répugnances qu'inspire à un très-grand nombre de légitimistes l'odieuse direction qu'on leur fait suivre depuis quelques années? Ne serait-ce pas là ce qui aurait fait sentir au journal dont nous parlons la nécessité de revenir, après plus de huit jours, sur nos réflexions, qui seraient certes bien oubliées, si nous ne les eussions prises que dans notre imagination? La tentation n'a guère de puissance que sur les cœurs qui sont déjà disposés à la recevoir. Nous serions même enclins à croire que la masse du parti légitimiste est plus près encore que nous ne le pensions, de revenir aux sentimens de modération et d'ordre qui lui sont naturels : tant il y a de dépit et d'irritation dans le journal qui défend contre nos séductions, la fidélité des royalistes! tant il leur fait un horrible tableau du régime que nous leur demandons seulement de ne pas détruire comme des fous, de complicité avec les anarchistes! Pour retenir en effet le parti légitimiste dans la position violente et contre nature où l'ont mis ses prétendus organes, il est bien nécessaire d'entretenir ses préjugés, de réveiller sans cesse ses passions, de lui faire croire qu'un gouvernement qui protége la religion et ses ministres est un gouvernement *athée;* de représenter comme un gouvernement violent et révolutionnaire, ennemi de toutes les supériorités sociales, ce gouvernement même qui a su défendre jusqu'à ses ennemis contre la licence et le débordment des passions anarchiques, qui a fait respecter leurs propriétés, leurs personnes, leurs droits; d'imputer au gouvernement la faute que les chefs du parti légitimiste ont eux-mêmes fait commettre à leur parti en le portant à s'isoler, à se tenir à l'écart de tout, à s'interdire toutes les professions, la magistrature, les armes, la diplomatie, à s'exclure de toutes les assemblées, petites et grandes, où la nation exerce ses droits, depuis le conseil municipal jusqu'à la Chambre, ou à n'y entrer que pour y faire une stérile et déplorable opposition! C'est le gouvernement sans doute qui a conseillé aux fils des familles riches de s'enfermer dans leurs terres et d'y perdre un temps qu'ils auraient pu employer à se rendre capables de bien servir leur pays! C'est à l'instigation du gouvernement que le parti légitimiste a fait à d'aveugles passions le sacrifice de ses sentimens naturels et de ses intérêts véritables en ne se rendant aux élections que pour y fortifier de ses suffrages les ennemis de toute monarchie, jeune ou vieille, constitutionnelle ou absolue!

Est-il surprenant qu'après neuf années d'expériences les hommes sensés, modérés, constitutionnels même, et vraiment amis de la liberté que renferme en grand nombre, nous le croyons, ce que l'on appelle en masse le parti légitimiste, reviennent à une plus juste appréciation, et de ce gouvernement qu'on leur dépeint sous des couleurs si affreuses et si fausses, et de leur propre position? Sans abjurer leurs sentimens, sans oublier leurs affections et leurs regrets, avec les préférences qu'ils garderont long-temps dans leurs cœurs, n'est-il pas naturel qu'ils se lassent du rôle qu'on leur a imposé, de chercher le bien dans l'excès du mal, le retour à l'ordre dans une anarchie plus grande, la liberté dans la licence et la monarchie dans la république? Sans sacrifier leur principe particulier, n'est-il pas tout simple qu'ils se souviennent enfin qu'il n'est pas permis de sacrifier la société tout entière à son opinion, et que la paix, l'ordre, la justice, la religion, le respect de la propriété, le maintien de l'autorité et des lois ont droit aussi à l'intérêt et au dévouement des bons citoyens sous quelque régime que ce soit? Ont-ils pu se faire une éternelle illusion sur la portée des attaques furieuses qu'on dirige contre une royauté qui ne serait pas la leur, nous l'avouons, s'ils avaient été les maîtres de leur choix, mais qui n'en est pas moins aujourd'hui en France par la consécration du temps, de l'obéissance publique et des dangers même qu'elle a courus, le représentant véritable du principe monarchique aux yeux de l'immense majorité, du moins? Tous leurs sentimens naturels n'ont-ils pas dû se soulever contre la loi qu'on leur faisait de contribuer à répandre sur cette royauté qui a été sacrée sous les balles des assassins, l'outrage et la haine? N'ont-ils pas vu que les projets des factions auxquels on leur demandait, sinon de s'associer ouvertement, au moins de concourir par leur inertie, quelquefois même par une opposition commune, n'allaient à rien moins qu'à bouleverser la société en changeant la forme du gouvernement? Pouvait-il échapper à des hommes éclairés, quand leurs passions commenceraient à s'apaiser, que la possibilité d'un retour à l'ancien régime n'était plus qu'une chimère, et que la révolution française avait fondé un peuple nouveau? Beaucoup d'entre eux, avant la révolution de Juillet, avaient voué un loyal attachement à la Charte, et aimaient le gouvernement représentatif comme un gouvernement qui honore l'humanité. La direction qu'on a donnée au parti légitimiste a-t-elle pu leur laisser le moindre doute sur l'intention qu'on a toujours eue d'anéantir toute Charte, celle de 1814 comme celle de 1830, et de remplacer le gouvernement constitutionnel par une espèce de gouvernement absolu avec de pures franchises municipales?

Qu'a gagné d'ailleurs le parti légitimiste à être traîné depuis neuf ans derrière les factions? Qu'a-t-il gagné, dans les dernières, élections à fortifier de ses votes le parti démocratique ? le beau progrès pour une parti éminemment royaliste de se réduire à n'être que l'appoint du parti républicain ! Quelle politique que celle qui prend le détour du suffrage universel pour arriver à étouffer les révolutions avec le plus révolutionnaire de tous les moyens ! N'est-ce pas ainsi que nous voyons des gens qui détestent la liberté de la presse, tout le parti légitimiste qui les connaît bien l'affirmerait comme nous, réclamer jusqu'à la licence pour revenir à la censure? Ils ont été les maîtres sous la Restauration ; Ils ont eu dans les Chambres d'écrasantes majorités ; que faisaient-ils? Des lois restrictives de toutes les libertés qu'ils ne trouvent pas assez grandes aujourd'hui après que la révolution de juillet a levé cependant toutes les restrictions qu'ils y avaient mises. La liberté de l'éducation, l'ont-ils donnée ? Ils chassaient les maîtres les plus fameux de l'Université, et l'on n'ignore pas que tous leurs vœux secrets tendaient à concentrer l'enseignement dans les mains de quelques corporations religieuses. Est-ce par respect pour la liberté des cultes qu'ils glissaient un acte de foi dans une loi criminelle, faisant moins respecter les temples qu'ils ne faisaient haïr malheureusement une religion de douceur et de charité ? Quel rapport y a-t-il donc entre leur politique passée et leur politique présente, si ce n'est la haine des chartes et des gouvernemens constitutionnels ? Les hommes éclairés et sages du parti légitimiste peuvent voir les fruits qu'ils ont receuillis depuis neuf ans de cette politique tortueuse qui veut arriver par la liberté même à la destruction de la liberté, depuis qu'elle n'espère plus y parvenir de vive force. Oui sans doute, la politique qu'on a imposée au parti légitimiste a augmenté les désordres publics, enhardi les factieux, suscité des embarras de toute espèce au gouvernement, nous ne le nions pas. Si on ne voulait obtenir qu'un résultat de vengeance et de haine, on l'a obtenu en partie. Que cela satisfasse les esprits fanatiques qui se soucient peu de mourir dans la plaie qu'ils font, ou les passions ambitieuses qui veulent, avant tout, avoir un parti à diriger et à conduire; à la bonne heure. Que ceux-là soient contens !

Mais ce n'est pas à eux que nous aurons jamais l'idée d'adresser des réflexions qui demandent, pour être appréciées, une raison calme et un patriotisme éclairé. Nous nous adressons à ceux des anciens royalistes constitutionnels que la révolution de juillet a momentanément séparés de nous ; nous nous adressons à ces hommes que des sentimens conservateurs mal dirigés ont jetés dans le parti légitimiste par la peur que leur avait fait l'éclat d'une révolution même légitime ; c'est là la masse et la force du parti ; les passions ardentes et les esprits fanatiques ne font que le petit nombre. Et que leur demandons-nous? D'adjurer leurs sentimens ? Non ; ceci ne peut être que l'effet du temps. Personne n'a le pouvoir et nous n'avons pas l'orgueilleuse pensée de hâter, de forcer en quelque sorte leur conversion. Ils viendront à notre gouvernement, ils se rallieront à lui dans le temps que la Providence a marqué pour cela. Mais ce que nous leur demandons, c'est de défendre avec tous les bons citoyens ces principes généraux qui sont la base même de la société, de donner l'exemple du respect pour les lois et pour l'autorité, d'aimer mieux améliorer que détruire, de ne pas s'unir aux factions pour ébranler l'ordre public. Et ce n'est pas nous qui le leur demandons ; ce sont leurs principes et leurs propres intérets. Citoyens de cette société, qu'ils en affermissent le sol au lieu de le bouleverser par des tempêtes qui les écraseraient! Hommes monarchiques, qu'ils votent avec ceux dont les sentimens se rapprochent le plus des leurs ! Conservateurs, qu'ils ne renforcent pas le parti de l'anarchie. Nous leur faisons partager nos droits et notre liberté ; qu'ils ne s'en servent pas pour changer cette liberté en anarchie et ces droits en instrumens de désordre. Si nos conseils ont quelque influence, ce n'est pas à nous qu'en reviendra l'honneur ; car, nous le reconnaissons, ils ne seraient rien si déjà les sentimens ou secrets ou avoués de beaucoup de gens honorables et loyaux n'avaient devancé nos paroles *.

Constitutionnel.

16 octobre 1839.

Les partis qui ont passé par le pouvoir ne se désintéressent pas aisément de l'ambition d'y rentrer. Quand une grande crise a renouvelé les conditions du gouvernement ; quand rien n'est resté debout de ce qui était leur foi politique, leur premier instinct est d'essayer de reconquérir par la force ce que la force leur a enlevé. La guerre civile, les complots, les émeutes deviennent leurs armes familières ; toutes les alliances leur sont bonnes, quels qu'aient été leurs précédens conservateurs ; la haine du régime nouveau ne laisse prévaloir en eux que l'idée de renversement. Ils répudient leur passé de principes, pour ne songer qu'à leur passé de sentiment. La violence, d'ailleurs, est sinon le plus sûr, au moins le plus court moyen de reprendre possession. Cette période de lutte à force ouverte est plus ou moins longue ; pour qu'elle ait son terme, il faut que les partis acquièrent la conviction de leur impuissance, il faut qu'ils comprennent tout le vide de leurs illusions, toute l'inutilité de leurs efforts. Or cette conviction est lente à venir, les plus intéressés sont de beaucoup les

* Le journal des débats a publié, sous la date du 18 septembre, un troisième article que nous nous abstenons de citer, parce que ce résumé dû à la plume élégante de MM. Louis Alloury, est presque exclusivement littéraire et trop personnel à l'auteur.

derniers à y arriver : pour les partis, comme pour les individus, l'amour-propre est un conseiller tenace, qui ne permet pas facilement d'avouer qu'une cause est perdue.

Cependant, un moment vient où il n'est plus possible de s'abuser. Alors les instrumens les plus compromis se retirent, des hommes nouveaux donnent l'impulsion, et les partis se transforment, les vieux principes reprennent le dessus, et les choses de foi et de sentiment sont mises à l'écart. On a fait ce que l'honneur commandait, on pense à ce que l'intérêt exige, on ne veut pas plus longtemps et sans espoir, se tenir en dehors du mouvement des affaires; on désire prendre pour soi et pour ses idées une part dans leur direction. Les jacobites se font tories.

Les légitimistes sont-ils arrivés à cette phase de transformation? Peut-on raisonnablement espérer que le gros du parti se ralliera au gouvernement de juillet sincèrement et sans arrière-pensée? Telle est la question qu'a soulevée une courte brochure d'un jeune écrivain, M. le baron de Romand, et qui, depuis quelques jours, a été vivement agitée par quelques organes de la presse.

Nous reprochons aux légitimistes leurs illusions; il ne faudrait pas nous exposer au même reproche. Bien qu'il n'y ait rien de sérieux à craindre de la part des hommes dont le roi est à Goritz, il serait désirable qu'ils se ralliassent. Leur position dans le pays est considérable, leur influence dans certaines localités et sur certaines parties de la population, est puissante et par conséquent dangereuse, quand ils sont hostiles; il est d'ailleurs, parmi eux, des hommes qui comptent, et qui feraient honneur au gouvernement qu'ils serviraient. Mais en l'état des choses, nous avons la ferme conviction que toutes les expériences ne sont pas encore faites, et qu'il n'est pas raisonnable d'espérer un retour actuel et sincère du parti légitimiste vers les personnes et les choses de juillet.

Ce que nous avons à dire ne sera pas, tant s'en faut, un encouragement à de folles espérances : tout ce qu'essaieront de nouveau les légitimistes échouerait, cela ne fait pas pour nous l'ombre d'un doute, et il faut tout l'aveuglement des passions politiques pour que les hommes éclairés du parti se fassent illusion sur ce point. Mais il faut prendre les partis avec leurs passions et leurs faiblesses. Or, nous le demandons, est-ce au moment où leur Joas apparaît sur la scène, que les champions de la branche aînée se résigneraient à répudier tout leur passé et à faire acte de soumission à la branche cadette? Le duc de Bordeaux a une mission de prétendant. Il lui est réservé, comme au fils de Jacques II, de promener d'un bout de l'Europe à l'autre sa candidature royale. Peut-être ses tentatives aventureuses aboutiront-elles à un nouveau Culloden. Quoi qu'il en soit, le parti espère en lui, compte sur lui, et tant qu'il croira que les abords du trône ne lui sont pas complétement fermés, il ne se résoudra pas à une transformation. Il attendra, puisqu'il faut attendre, mais il a fait ses calculs d'avenir, et s'il trouve peut-être aujourd'hui le pouvoir trop bien fortifié, trop bien défendu, il patientera jusqu'à l'époque où un nouveau règne ouvrirait à ses vues une nouvelle et dernière chance.

Telle est la pensée des légitimistes, qu'il faut bien dire, puisqu'on a la bonhomie de croire à des démonstrations qui ne sont sincères qu'en tant qu'elles expriment une opinion isolée. Ceci explique toute la conduite qu'ils tiennent, et pourquoi ils se rattachent par tant de côtés à des factions qui poursuivent un but diamétralement contraire au leur. Il leur faut tout ménager pour ces chances d'avenir auxquelles ils ne renoncent pas. Leurs intérêts, leurs idées, leur éducation devraient les faire les plus fermes défenseurs de l'ordre. Leur ambition de parti les précipite au milieu des fauteurs de désordre. Ils renient leur passé de gouvernement, ils se jettent follement dans les théories qui ruinent le pouvoir; mais que leur importe si leurs passions trouvent à gagner quelque chose à l'anarchie, et si les embarras qu'ils créent peuvent favoriser un jour les entreprises de leur prétendant?

Telle est la situation du parti légitimiste. Voilà les motifs qui ne nous permettent pas de croire à sa conversion. L'énergie avec laquelle les feuilles qui lui servent d'organe ont repoussé toutes les ouvertures, prouve qu'on s'est beaucoup trop pressé, et que rien n'est fait. Il y aura des conversions isolées, mais elles n'auront qu'une valeur relative, et le parti les poursuivra comme des défections. Que faire donc? Ce qu'on a fait jusqu'ici : attendre du temps ce qu'il amène, et se garder de toute avance qui serait à la fois infructueuse et peu digne.

Siècle.

24 septembre 1839.

Une brochure remarquable de M. Gustave de Romand, dans laquelle l'auteur s'élevait contre la direction fausse et violente imprimée au parti légitimiste par les journaux de ce parti, a donné le signal de dissensions nouvelles, ou plutôt a fait éclater celles qui étaient depuis long-temps dans les esprits. L'opinion légitimiste, qui, proclamant le principe de l'autorité, semblerait devoir tout naturellement arriver à l'unité, en vertu de ce principe, est au contraire tellement divisée et fractionnée, qu'il est à peu près impossible de savoir quels sont ses véritables sentimens. Entre le droit divin, que le journal la *France* représente dans sa pureté comme le premier dogme des vieux royalistes, et le radicalisme monarchique et religieux de la *Gazette*, il y a une distance incommensurable que ne sauraient combler ni l'orthodoxie de la

Quotidienne, tempérée par quelques idées nouvelles, ni le torysme modéré et conciliant de l'*Univers.*

Aussi voyons-nous qu'un débat éternel et parfois violent s'agite entre ces organes d'opinions très-diverses, quoique dérivant d'une même origine, en même temps que toutes, à l'exception de la dernière, s'entendent pour proscrire d'une manière absolue et les faits et le droit qui procèdent de la révolution. La querelle est déjà ancienne et elle est de tous les jours entre la *France* et la *Gazette*. Cette dernière feuille a de plus à soutenir, depuis deux ou trois semaines, une lutte passionnée contre l'*Univers religieux*, celui-ci prêchant au nom de l'Évangile, de la raison et de l'intérêt des peuples, la soumission au pouvoir établi, et la *Gazette* faisant intervenir les prophètes, les pères, les apôtres, Bossuet, Fénelon et M. de Villèle, pour prouver qu'il y a apostasie et impiété à transporter l'obéissance du roi, qui tient son titre de *Dieu* et de sa *race* à celui dont l'autorité relève des révolutions.

. . . .

. . . .

Cet esprit exclusif se serait manifesté récemment par un fait étrange, s'il en fallait croire le *Journal des débats*. « Ne sait-on » pas, disait-il dans un de ses derniers numéros, à quel degré » d'intolérance et de superstition tyrannique en est venue cette » petite église? Ne sait-on pas qu'elle a dernièrement retranché » de la communion tous les députés légitimistes qui siégent à la » Chambre, tous, excepté deux? Et pourquoi cette excommuni- » cation? *C'est parce que le 12 mai dernier, les députés légitimis-* » *tes, cédant à l'élan unanime de la Chambre, se sont rendus aux* » *Tuileries avec leurs collègues.* Voilà le grief! voilà pourquoi ces » honorables députés seront bientôt signalés à la réprobation des » colléges électoraux! »

Il ne paraît guère vraisemblable qu'une si grande indignation ait pris sa source dans un pareil motif ; mais il est singulier qu'une pareille affirmation, plusieurs fois répétée et commentée, n'ait pas été démentie par un seul des organes de l'opinion légitimiste (1). Les dissidens qui accusent ces derniers d'exagérer et de travestir les véritables sentimens de la masse du parti s'autorisent de ce silence comme d'une preuve. Ils ajoutent que les hommes qui, à diverses éqoques et à divers titres ont marqué dans le parti légitimiste, déplorent amèrement les écarts et les emportemens dont ils sont témoins. Nous ne savons ce qu'il en faut penser ; *mais à défaut de prótestations formelles, on remarque depuis long-temps u'il y a des voix éloquentes qui se taisent.* Quelle espérance peut donc rester à un parti plus que jamais isolé dans le pays, divisé en petites sectes hostiles l'une à l'autre et que ses chefs naturels ne veulent plus conduire ?

Revue des Deux-Mondes (2).

15 août 1839.

Une brochure publiée, il y a quelque temps, par M. le baron de Romand, a soulevé toute la presse légitimiste. La presse légitimiste a trouvé mauvais que M. de Romand ait fait un appel aux hommes modérés de son parti, et leur ait montré l'abîme qu'il y a entre eux et le parti républicain, avec lequel les légitimistes ont fait cause commune dans les élections. M. de Romand leur a demandé s'il était bien sensé, bien patriotique, de mettre ainsi tout l'état social en péril, pour payer tribut à leurs souvenirs politiques ; car ce n'était pas ainsi, sans doute, qu'ils comptaient mettre leurs principes en pratique. M. de Romand a montré là, selon nous, un grand souci de la considération de son parti ; car

(1) Aucun journal légitimiste n'a jamais démenti ce fait.

(2) Extrait de la chronique de la quinzaine.

nous n'hésitons pas à le dire, et nous le faisons en connaissance de cause, ce qui lui a porté le plus d'atteinte en Europe, c'est justement cette association des hommes les plus attachés aux principe de la monarchie, au principe de la propriété, au principe religieux, aux mœurs de famille, et des partisans du gouvernement populaire, de la communauté des biens, du culte philosophique de l'Être suprême; en un mot, cette alliance avec les ennemis mortels de tout ce que le parti légitimiste voudrait voir rétablir. A ce sujet, M. de Romand s'est trouvé en butte à de vives récriminations. On s'en est pris à son style, qui est très-net, à ses principes, qui sont ceux d'un bon citoyen, et à sa conduite, qui est celle d'un homme courageux, lequel énonce loyalement une pensée juste et honnête. Ce n'est pas que tout le parti légitimiste ait désapprouvé M. de Romand. Il a recueilli, au contraire, de hautes et nombreuses approbations, et celle de M. de Chateaubriand a pu le consoler des reproches d'apostasie que lui adressent *la Quotidienne* et *la Gazette*. Une grande polémique s'est élevée, en outre, au sujet de la brochure de M. de Romand, entre les feuilles légitimistes et quelques unes de celles qui, sous différentes nuances, défendent la monarchie de juillet. On ne convertira pas les feuilles légitimistes. Que deviendrait leur importance, si le parti légitimiste, conservant sa fidélité et ses principes conservateurs, se bornait à protester contre ce qui choque ses principes, et refusait de travailler à l'établissement de la restauration future, en passant avec *la Gazette* par les institutions démagogiques, ou en dénigrant indistinctement, avec *la Quotidienne*, tout ce qui se fait en France depuis dix ans? Est-ce que les royalistes qui partagent les opinions de M. de Chateaubriand, voulaient rétablir en France les états-généraux et reculer de quelques siècles, et les hommes d'état royalistes qui ont paru aux affaires depuis 1814 jusqu'au ministère de M. de Polignac, étaient-ils, par hasard, sur la ligne des opinions de *la Quotidienne?* Non certes; et de même qu'on a dit que les partis se démoralisent dans les émigrations, on peut dire aussi qu'ils se dénaturent quand ils se tiennent dans un ilotisme volontaire, qui est une sorte d'émigration au milieu du pays. Avant de songer à rétablir la restauration, ce rêve impraticable, le parti légitimiste fera bien de se restaurer lui même, et de redevenir ce qu'il était quand ses hommes, les plus distingués, soumis à la Charte, n'avaient pas admis le divorce des idées royalistes et des sentimens constitutionnels du pays. C'est là ce que propose M. de Romand, et le moyen d'y parvenir n'est pas de frayer avec les partisans de la convention nationale ou de la république fraternelle de Babeuf, mais de prendre franchement part aux progrès sociaux de la France, de travailler à la rendre plus grande et plus forte, au lieu de l'affaiblir par d'hypocrites déclamations ou par d'audacieux appels à ses ennemis. Il est vrai qu'en agissant ainsi, le parti légitimiste renverserait quelques influences, et diminuerait l'importance de quelques hommes dont le talent consiste à le tenir isolé du reste du pays; et c'est là ce qui excite la grande colère que nous avons vue se manifester au sujet de la brochure de M. de Romand.

Univers.

20 juillet 1839.

De l'état des partis en France, tel est le titre d'une brochure politique que vient de faire paraître un publiciste distingué M. le baron Gustave de Romand. Nous aurions une première question à examiner au sujet de cet écrit qui contient d'excellentes vérités ; existe-t-il encore des partis en France? Nous voyons de vieux noms, de vieux sobriquets, de vieilles idées avec lesquels on s'attaque et on s'injurie chaque matin, mais il n'y a plus de mot d'ordre, plus de signe de ralliement ; nous voyons partout des chefs, mais pas de soldats. A tous ces prétendus partis, il ne manque qu'une seule chose pour valoir la peine de vivre, de comprendre la société actuelle et d'en être compris.

Le travail si rapide de la dissolution qui a divisé et ruiné tous les partis, depuis 1830, a été suffisamment prouvé, par leur impuissance, leur parfaite inutilité. Parmi ces partis, ceux dont les principes et les intérêts devaient le plus servir à maintenir leur union, ont été précisément les plus divisés. Parmi les légitimistes, on compte aujourd'hui plus de cinq ou six nuances qui ont chacune son journal sans compter celles qui n'ont pas d'organe public, et qui n'en pensent pas moins aussi à leur manière.

Quant au parti qui a voulu et fait la révolutiou de 1830, la dernière coalition en a achevé le licenciement. Là où existaient deux grandes fractions, celle de la résistance et celle du mouvement, il y a maintenant une multitude de petits groupes éparpillés qui s'attaquent dans leur journal ou dans l'intimité des salons. Le tiers-parti, composé naguère d'une soixantaine de membres, est divisé aujourd'hui en trois nuances personnifiées dans le ministère actuel, dans M. Thiers et dans M. Dupin.

Le petit bataillon des trente doctrinaires, jadis si serré, a perdu toute sa force de cohésion. Le souffle de la dispersion les a frappés. Quelques uns ont suivi M. Duchâtel ; d'autres restent fidèles à M. Guizot ; quelques uns se tiennent à l'écart et boudent.

Voilà où en sont les partis en France, et le moment est bien choisi pour prononcer leur oraison funèbre. C'est là l'intérêt et le mérite de l'ouvrage de M. Gustave de Romand ; à une connaissance éclairée des hommes et des choses, il joint une impartialité qui sait se mettre au dessus des préjugés, des passions, des systèmes usés ; c'est cette position qui le met à même d'adresser à tous les partis d'utiles vérités.

Nous appelons toute l'attention de nos lecteurs sur l'article suivant, par lequel l'*Univers* vient de clore sa longue discussion avec la *Gazette de France*. Le vicomte de Bonald et le comte Joseph de Maistre seront-ils à leur tour récusés par les écrivains de la *Gazette* pour des autorités compétentes?

Univers.

9 novembre 1839.

Nous n'avons cessé, dans la longue lutte que nous venons de soutenir, de nous appuyer sur Bossuet ; nous sommes heureux de voir M. le vicomte de Bonald interpréter comme nous la doctrine de Bossuet sur l'obéissance au pouvoir établi. Voici ce que nous lisons dans le *Discours préliminaire* de la *Législation primitive* :

« L'étude du droit public et des constitutions des États commença en Europe avec les nouvelles doctrines sur la société... Parmi les écrivains qui voulurent s'opposer à ce torrent d'érudites erreurs, les uns, par ignorance, indifférens sur la politique, se contentèrent de combattre en faveur de l'autorité religieuse que les novateurs attaquaient plus directement ; *les autres s'attachèrent à défendre les gouvernemens*, QUELS QU'ILS FUSSENT, *et par la seule raison de la* POSSESSION, et ils repoussèrent les atteintes portées à l'autorité des chefs, plutôt que les coups dirigés contre la constitution naturelle des États. *Bossuet lui-même dans ses Avertissemens*, s'éleva avec force contre la souveraineté populaire et le pouvoir conditionnel, dont il démontra l'absurdité; mais il n'entra pas dans la discussion des lois constitutives de la société, *qu'il supposa bonnes, ou du moins suffisantes, lorsqu'elles sont reconnues.* Il soutint que l'*unité de pouvoir* est une loi bonne et sage; mais il ne fut pas jusqu'à dire qu'elle est la seule bonne loi, c'est-à-dire la loi naturelle des sociétés; et, content de repousser l'ennemi, il ne le poursuivit pas sur son propre terrain, *et il respecta le gouvernement populaire partout où le peuple était ou plutôt se croyait en possesion du pouvoir.* »

Toutes les fois que l'on est appelé à exprimer de grandes vérités sociales, il est difficile de ne pas les rencontrer dans les ouvrages de M. le comte De Maistre. Il existe de ce profond et éloquent publiciste un opuscule trop peu lu, et qui devrait être constamment sous les yeux des hommes qui se mêlent de gouverner et de réformer la société, nous voulons parler du *Principe générateur des constitutions politiques.* Voici ce que nous lisons dans cet écrit si court et si substantiel.

« L'homme ne peut faire de souverain. Tout au plus, *il peut servir d'instrument pour déposséder un souverain et livrer ses états à un autre souverain déjà prince*... On peut réfléchir sur cette thèse, que la *censure divine* vient d'approuver d'une manière assez solennelle. Mais qui sait si l'ignorante légèreté de notre âge ne dira pas sérieusement : *s'il l'avait voulu, il serait encore à sa place!* comme elle le répète encore après deux siècles : *Si Richard Cromwell avait eu le génie de son père, il aurait fixé le protectorat dans sa famille*; ce qui revient précisément à dire : *Si cette famille n'avait pas cessé de régner, elle régnerait encore.*

Il est écrit : C'EST MOI QUI FAIS LES SOUVERAINS. Ceci n'est point une phrase d'église, une métaphore de prédicateur; c'est la vérité littérale, simple et palpable. C'est une loi du monde politique. Dieu FAIT les rois, au pied de la lettre. Il prépare les races royales ; il les mûrit au milieu d'un nuage qui cache leur origine. Elles paraissent ensuite couronnées de gloire et d'honneur ; *elles se placent ; et voici le plus grand signe de leur légitimité*..... USURPATION LÉGITIME me semblerait l'expression propre (si elle n'était point trop hardie) pour caractériser ces sortes d'origines que le temps se hâte de consacrer....

Je crois avoir lu quelque part qu'*il y a bien peu de souverainetés en état de justifier la légitimité de leur origine*. Admettons la justesse de l'assertion, il n'en résultera pas la moindre tache sur les successeurs d'un chef dont les actes pourraient souffrir quelques objections : le nuage qui envelopperait plus ou moins l'origine de son autorité ne serait qu'un inconvénient, suite nécessaire d'une loi du monde moral. S'il en était autrement, il s'ensuivrait que le souverain ne pourrait régner légitimement qu'en vertu d'une délibération de tout le peuple : c'est-à-dire, *par la grâce du peuple* ; ce qui n'arrivera jamais ; car il n'y a rien de si vrai que ce qui a été dit par l'auteur des *Considérations sur la France* (M. de Maistre lui-même) : *que le peuple acceptera toujours des maîtres et ne les choisira jamais*. Il faut toujours que l'origine de la souveraineté se montre hors de la sphère du pouvoir humain ; de manière que les hommes qui paraissent s'en mêler directement ne soient néanmoins que des circonstances. QUANT A LA LÉGITIMITÉ, SI DANS SON PRINCIPE ELLE A PU SEMBLER AMBIGUE, DIEU S'EXPLIQUE PAR SON PREMIER MINISTRE AU DEPARTEMENT DE CE MONDE, LE TEMPS.

L'homme a cru, lui qui n'a pas seulement le pouvoir de produire un insecte ou un brin de mousse, qu'il était l'auteur immédiat de la souveraineté, la chose la plus importante, la plus sacrée, la plus fondamentale du monde moral et politique ; *et qu'une telle famille, par exemple, règne parce que tel peuple l'a voulu* ; tandis qu'il est environné de preuves incontestables que

TOUTE *famille souveraine règne parce qu'elle est choisie par un pouvoir supérieur. S'il ne voit pas ces preuves, c'est qu'il ferme les yeux ou* QU'IL REGARDE DE TROP PRÈS.

C'est peut-être le plus grand génie catholique des temps modernes qui vient de parler. Nous ne disons ni plus ni moins que lui. Lisez les pages xj et xij de la *préface*, les pages 37 et 65 du *Principe générateur*. On voit que nous ne puisons pas nos autorités à des sources suspectes d'hostilité contre les pouvoirs dits légitimes.

FIN DES NOTES.

www.ingramcontent.com/pod-product-compliance
Ingram Content Group UK Ltd.
Pitfield, Milton Keynes, MK11 3LW, UK
UKHW012228240726
13966UKWH00003B/1008